嶺南史料筆記叢刊

旅譚

[清]汪瑔 著 陳曉平 點校

南方傳媒 SPM 廣東人民出版社
·廣州·

圖書在版編目（CIP）數據

旅譚／（清）汪瑔著；陳曉平點校. -- 廣州：廣東人民出版社，2024. 12. --（嶺南史料筆記叢刊）.
ISBN 978-7-218-18241-4

Ⅰ. K249.066

中國國家版本館 CIP 數據核字第 2024Y7P937 號

Lütan

旅譚

[清] 汪瑔　著　陳曉平　點校

出 版 人：肖風華

叢書策劃：夏素玲
責任編輯：謝　尚
責任校對：帥夢娣
責任技編：吳彥斌
封面題字：戴新偉
封面設計：琥珀視覺

出版發行：廣東人民出版社
地　　址：廣州市越秀區大沙頭四馬路 10 號（郵政編碼：510199）
電　　話：(020) 85716809（總編室）
傳　　真：(020) 83289585
網　　址：http://www.gdpph.com
印　　刷：珠海市豪邁實業有限公司
開　　本：889mm×1194mm　1/32
印　　張：5　字　　數：97. 34 千
版　　次：2024 年 12 月第 1 版
印　　次：2024 年 12 月第 1 次印刷
定　　價：68. 00 元

如發現印裝質量問題，影響閱讀，請與出版社（020-85716849）聯繫調換。
售書熱綫：(020) 87716172

《嶺南史料筆記叢刊》凡例

一、"嶺南史料筆記"是與嶺南這一特定區域有關的筆記體著作，隨筆記録、不拘體例，是瞭解和研究嶺南地區歷史文化的珍貴資料，能補史之闕、糾史之偏、正史之訛。

二、《嶺南史料筆記叢刊》（以下簡稱《叢刊》）收録之"嶺南史料筆記"，包括歷史瑣聞類、民俗風物類、搜奇志異類、典章制度類，不收今人稱爲小説的單篇傳奇及傳奇集，包含嶺南籍人所撰史料筆記及描寫嶺南地域之史料筆記。

三、筆記創作時間以1912年以前爲主，兼收民國時期有價值的作品。

四、《叢刊》採用繁體横排的形式排版印刷。

五、整理方式以點校爲主，可作簡要注釋。

六、整理用字，凡涉及地名、人名、術語等專有名詞之俗字、生僻字，儘量改爲常見的繁體字；對一字異體也儘可能加以統一。每種圖書在不與叢書用字總則衝突的情况下，可根據實際情況而定。

七、凡脱、衍、訛、倒確有實據者，均作校勘，以注脚形式出校記。未有確據者，則數説並存；脱字未確者，以□代之。

八、《叢刊》避免濫注而務簡要，凡涉及嶺南地域特色之風物，可以注脚形式下注；爲外地人士所不明者，酌加注釋。

九、《叢刊》暫定收録一百多種，分爲若干册，每個品種單獨成册，體量小者可酌情結合成册。每册均有前言，介紹撰者、交代版本、評述筆記内容和價值；書後可附撰者傳記、年譜、軼事輯録、索引，及相關文獻資料。

《旅譚》書影一

1

旅譚卷一

山陰　汪琼　玉泉

虞道園有詩云耳目聰明一丈夫飛行八極隘寰區劍
吹白雪祓邪减袖拂春風櫧朽蘚氣侣酒酣雙國士情
如花擁萬天妹如今一去無消息只有中天月影孤迢
園皂云亨少年避潮門酒樓賦此題日連十八書郡人
疑其爲呂洞賓詩也　見道園歸田稾近江右吳蘭雪刺史嵩粱
在河間得酒縱飲至醉賦詩題逆旅至壁云游戲人間
亦偶然不成將柑不成仙黃河絕唱真才子紫塞狂游

旅譚卷一

十

俠少年百念掃除無垢地三生飄泊有情天傍人見下
梅花拜只道梅頹一味顛末署梅頹二字觀者不知爲
誰也見香蘇山古今文人游戲正爾相似
嘉慶間有武人某不甚識字聞成邸有書名亦以扇乞
書王爲濃墨大書一字與之某而請曰王何以書此
字其亦有意耶王笑曰無他吾擇汝所識者書之耳舒
大令舒鷺說
吾鄉李鐵橋臬使澮書迹怪偉嘗鑄小印曰自成一家
每書輒用之一日遇某觀察忽問公與李闇同族耶臬

《旅譚》書影二

目　録

前　言

　　汪瑔（1828—1891），字玉泉，一字芙生，晚號越人，所居曰穀庵，學者稱穀庵先生，浙江山陰人。父汪鼎，入粵作幕。汪瑔佐旗人五福幕達十六年之久，輾轉曲江、東莞、潮州、瓊州、肇慶，同治十一年（1872）爲廣東布政使俊達幕賓，光緒元年（1875）起入兩廣總督幕府，歷佐劉坤一、裕寬、曾國荃、張樹聲辦理洋務，著作有《隨山館猥稿》、《旅譚》、《松煙小録》等。① 子兆銓，舉人，官海陽縣學教諭。女婿朱啓連，爲當時有

---

　　① 朱啓連《誥授奉政大夫貤封文林郎山陰汪先生行狀》稱汪瑔去世時"春秋六十有四"，按舊時計虛歲習慣，推定其生年爲 1828 年。汪瑔《隨山館續稿》卷下，於光緒己丑十五年（1889）一詩題中自稱"占籍番禺歲逾十稔，光緒乙酉銓兒舉與鄉，從侄兆鏞復於今秋獲雋"，可証其從兄汪珣入籍番禺在光緒五年（1879）或更早，則汪兆銘 1883 年出生時即爲番禺人。

名望的幕客、學者，朱執信之父。

　　《旅譚》是汪瑔的筆記體著作，刊行於光緒乙酉十一年（1885），搜輯歷代掌故，重心在評點詩詞作品，藉以表達他的詩學、詞學主張，報導道咸同光文壇動態，存錄該時期詩詞作品的吉光片羽。著者交游廣闊，除嶺南本土人士外，宦粵者、游幕者是其重要交往圈。

　　汪瑔博極群籍，隨手摘録，《旅譚》相當部分屬於讀書筆記，頗有意趣。如《唐語林》載，游人過白居易墓往往酹酒，故墓前隙地常常泥濘。汪瑔從元人詩注中發現，直到元代仍然如此：“然自唐至元，經數百年，而此一事竟歷久不改，董相之墳無恙，趙州之土頻澆，可謂名賢佳話矣。”汪瑔可謂善讀書者。然而，今日看來，《旅譚》價值較高的，是汪瑔的親聞親歷、不見於其他著述那部分。

　　該書記録了他與上述人士的交往、問學、雅集、唱和，保存了不少晚清嶺南掌故，有裨學者。有關該書内容，筆者分爲幾個方面略作介紹，掛一漏萬，識者諒之。

　　表達文學見解。汪瑔是嶺南傑出的詞人，與葉衍蘭、沈世良並稱“粵東三家”①，詩文亦有可觀，但没有留下專門文學理論著作，其文學主張散見各處，如《旅譚》稱：“詩文一理，而亦微有不同。鄭小谷言，文如樹，詩

---

　　①　陳永正：《嶺南詩歌研究》，中山大學出版社 2008 年版，第 134 頁。

如花。杜季瑛言，作文須得山意，作詩須得水意。余則謂：樹不必著花，花須求成樹；山無雲則氣象近，水無風則波瀾平。”無論駢體文、散文、詩詞，汪瑔均注重“氣象”與“波瀾”。著名詩人張維屏（南山）曾通過第三人傳話，希望收汪瑔爲弟子，汪瑔婉拒之，表達了他自立門户的抱負。

　　汪瑔與葉衍蘭、沈世良並稱晚清詞壇“粤東三家”，詞學確有獨到之處。姜夔《暗香》、《疏影》兩詞如何解讀與評價，曾有極大爭議，張炎評價兩詞“前無古人，後無來者”，王國維則言兩詞“無片語道著”。《旅譚》引証史料，力証兩詞“爲僞柔福帝姬而作”，甚有説服力。汪瑔言：“白石《疏影》詞所云‘昭君不慣胡沙遠，但暗憶江南江北’、‘想佩環、月下歸來，化作此花幽獨’者，言其自金逃歸也。又云‘猶記深宫舊事，那人正睡裏，飛近蛾緑，莫似春風，不管盈盈，早與安排金屋’，則言其封福國長公主、適高世榮也；又云‘還教一片隨波去，又卻怨、玉龍哀曲’，則言其爲韋后所惡，下獄誅死也。至《暗香》一関所云‘翠樽易泣，紅萼無言耿相憶。長記曾攜手處，千樹壓、西湖寒碧’，則就高世榮言之，於事敗之後追憶曩歡，故有易泣、無言之語也。張叔夏謂《疏影》前段用少陵詩，後段用壽陽事，此皆用事不爲事使。夫壽陽固梅花事，若昭君則與梅無涉，而叔夏顧云然，當是白石詞意。叔夏知之，特事關戚里，不欲明言，故以此語微示其端耳。”

南宋紹興年間曾發生假公主案，宋徽宗之女趙多富，曾封"柔福帝姬"，北宋靖康元年（1126）靖康之變時，二帝及一衆妃嬪、公主被擄北上，高宗生母韋賢妃、柔福帝姬均在其中。據南宋官方記載，柔福被發配到金國"洗衣院"，後嫁給被擄的宋人徐還，紹興十一年（1141）病死。建炎三年（1129），有人自稱從金國逃歸的"柔福帝姬"，由宋將韓世清送至行在，經内侍、宗婦驗明重新入宮，封"福國長公主"，次年許配給永州防禦使高世榮。據稱，此人是開封尼姑李善静所假冒，紹興十二年（1142）韋太后南歸後，將她處死。然而，當時南宋朝野部分人認爲，此女是真柔福帝姬，爲韋太后所冤殺。白石《暗香》、《疏影》隱譎地質疑官方結論，表面咏梅，實寫柔福帝姬故事，並對駙馬高世榮寄予同情。從這個角度理解兩詞，此前的不可解處大體皆可貫通。

記録清代掌故與交際網絡。汪瑔爲晚清廣東"三大名幕"[①] 之一，早年輔佐旗人五福，曾入廣東布政使俊達、廣東巡撫裕寬幕，歷佐兩廣總督劉坤一、曾國荃、張樹聲，所處位置使他能飫聞滿漢掌故，所記掌故足補史闕。葉名琛客死印度，靈柩返回廣州，在斗姥宮發喪。以葉氏遭際，舊屬致送挽聯，極難下筆。學者陳澧代某

---

① 程中山《一廬全集》序，以沈彬、汪瑔、劉乃勛爲晚清廣東 "三大名幕"。沈彬（梅生）勢力一度分佈於廣東多個衙門，把持公務，張之洞專門上奏朝廷，懲治 "劣幕" 沈彬。

人撰一聯曰："公論在人間，只緣十載舊恩頻揮涕淚；英靈歸海外，想見一腔遺恨化作波濤。"此聯十分得體，不見於他書。

《旅譚》勾畫了汪瑔的交際網絡。清代浙人入粵，對嶺南文學、學術、政治均産生重大而深刻的影響。汪瑔身爲紹興人，充任幕客數十年，所交往人物表面上來自"五湖四海"，但仔細辨別，他對浙江人一直特加關注，他的詞作被認爲接近"浙西派"。《旅譚》中有論及篆刻的文字，同樣高度推崇"浙派"。

保存名家佚作。《旅譚》收録陳澧《袖海樓文讌詩序》，爲《東塾集》中所未收①，描摹許氏袖海樓設計之工巧，極盡筆墨之能事，從中可見"番禺捕屬人"② 之間的親密關係。作爲晚清嶺南學術領袖，陳澧能文能詩，在多個學術領域均有突出建樹。葉衍蘭（蘭臺）是與汪瑔並稱的詞壇名家，《旅譚》存録葉衍蘭少作《洞仙歌》一首，葉氏詞集不收。該詞描寫一哺乳期的少婦，玩葉子戲③時對作者做各種曖昧示愛之舉動，同時代人或能猜到少婦真實身份，故而不予入集。該詞藝術性甚高，汪

① 黃國聲主編《陳澧集》，從《旅譚》中輯出此文，入《東塾集外文》卷三。

② 高第街許氏家族被譽爲"廣州第一家族"，人才輩出，陳澧以江浙人後代入籍番禺，兩家均爲"番禺捕屬人"，意謂巡捕廳管轄的廣州城內人，與"司屬"即巡檢司管轄的番禺鄉村地區仍有一定分別。

③ 葉子戲，明清時期流行的一種紙牌游戲。

琭將其鈔錄並刊行，使人能有機會一窺蘭臺少作。文學
體裁有所"分工"，在描述曖昧情事方面，詞確乎獨擅
勝場。

　　甄錄"非著名"作者的創作。明清士人普遍作詩，
蔚成大觀，然而能流傳後世的多是名家之作。"非著名"
作者也有佳作，其人若無詩集刊行，或雖刊行而流傳不
廣，容易湮没無聞。《旅譚》選錄高要何懋曾、秀水馬廷
梧、楚南易有慶等"非著名"作者詩作，各有優長之處。
汪琭詩友中，金匱杜雋（季瑛）、富順朱鑒成（嵋君）、
上虞張權（松谷）、番禺李應田（研卿）、嘉應黎汝恕
（近夫），皆能詩而身後寂寞。汪琭不遺餘力爲之表彰，
采録諸人佳句佳篇，間也略加評述。汪琭篤於友情，評
論間或有過譽之處。

　　博羅韓榮光，字祥河，號珠船，以拔貢官刑科給事
中，當年詩名頗盛，今世則多以"畫家"目之。《旅譚》
録存其《黑牡丹》詩，極見功力。珠船鍾情一秀美而膚
色黝黑的婢女，稱之爲"黑牡丹"，爲人所阻，"事不得
諧，因賦詩見意云"。他爲此耿耿於懷，創作七律八首，
汪琭選錄其中四首，在歷代咏牡丹詩中可謂獨樹一幟。

　　嶺南風物與文壇動態。晚清廣州名園衆多，除潘仕
成海山仙館外，其他園林到今日多寂焉無聞。《旅譚》記
載了許祥光"袖海樓"、陳巢民"挹秀園"、倪鴻"野水
閒鷗館"等已湮没的名園，令人發思古之幽情。蠔殼屋
爲嶺南歷史悠久的特色建築，用牡蠣（生蠔）的貝殼壘

作墙壁，至今珠江三角洲近海村落仍有少數遺存。舊時蠔殼屋數量不少，但以之爲歌咏對象的詩歌却甚爲稀見。《旅譚》中存録了番禺孟鴻光《咏牡蠣牆》七律十首中的五首，"於艱難中特出奇麗"，驚艷非常。這組詩在他處未見，《旅譚》收録的五首彌足珍貴。

晚清廣州詩社極盛，各家詩集均有迹可尋，《旅譚》則加以突出書寫，有高屋建瓴之概。在許祼光（霞橋）、張維屏等"領袖"人物推動下，詩詞創作十分繁盛，寓居者與本土作者不分彼此，幾乎融爲一體。咸豐十一年（1861）英法聯軍撤出後，廣州城迎來了難得的"復蘇"，文人雅士文酒之會幾無虛日，形成一段文學創作的"井噴"時期。今日回望，這幾十年也是清代嶺南最後的承平時期。

刊行美國憲法首個中譯本。《旅譚》的特别之處，是完整收録了蔡錫勇所譯《美國合邦盟約》，此爲美國憲法第一個中譯本。蔡錫勇（1847—1897），福建龍溪人，少年時入廣州同文館學習英文，後入北京同文館深造，1878 年隨第一位中國駐美公使陳蘭彬赴美，常住華盛頓，任翻譯。1881 年，蔡錫勇將美國憲法譯爲《美國合邦盟約》，這是美國憲法第一個完整中文譯本。蔡錫勇回國後，入兩廣總督署擔任英文翻譯。汪瑔在督署幕府負責洋務方面，與蔡錫勇有密切來往。汪瑔爲《美國合邦盟約》所寫的簡短介紹稱："厦門蔡毅若太守錫勇，嘗隨陳荔秋副憲蘭彬出使米利堅國，居米都三年，得華盛頓立國之初與各部所立合邦盟約，譯以漢文。余嘗取觀之，其立國規模約略已具，因錄於此，爲志島夷者資考訂焉。"汪瑔隱約感到這份文本沉甸甸的意義，特地於《旅譚》中加以披露，期待有更多關心時事的人士能够讀到。汪瑔全文過錄蔡譯本之後，又加跋語稱："此約過繁，初意欲爲删節，既念外國文字與中國有殊，所删或不當，恐失其本意，因全錄之。余此書小說家言耳，猥雜之譏，不足避也。"此跋語可見汪瑔矛盾的心情。

筆者曾加以核對，證實梁啓超、汪康年1897年於《時務報》重刊蔡錫勇譯《美國合邦盟約》，其底本即是《旅譚》本，只是個別文字小有差異。《時務報》刊登的美國憲法中譯本，究竟是什麽來源途徑，目前尚不能確定。浙江錢塘人汪康年在廣州長大，曾入張之洞幕府，與蔡錫勇有所接觸屬於正常。康、梁曾謁見過張之洞，應會見到過蔡錫勇。《旅譚》既然公開刊行，康有爲、梁啓超、汪康年都可能曾經購藏。要對《時務報》所刊美國憲法中譯本具體來源途徑下一結論，仍有待史料的繼續挖掘。

女詩人作品。汪瑔長姊汪玉簪爲汪瑔的詩學啓蒙者。汪玉簪曾向汪瑔表達了詩作被甄錄入集的願望："姊詩固不工，然弟交游中不乏名彦，異日有纂婦人集者，以姊詩視之，幸得甄收，使有三數篇傳於後世，則弟之賜姊之幸矣。"明清女詩人多於前代，汪玉簪有"傳世"的自覺，汪瑔滿足了她的願望，將其姊十幾首作品刊入

《旅譚》之中。

　　《旅譚》是一部比較龐雜的作品。汪璐其人可稱"百科全書式學者"，經史子集均有究心，對方言、古文字不時加以推敲，喜用異體字，以顯示其文字學功底。固此次整理，汪璐所用異體字若能顯示其古文字功底的，酌加保留，並加注説明，其他依叢書體例改爲常用繁體字。

序

　　命儔歡侶①，述事徵文，此中人語，如是我聞。杯茗風生，檐花雨落。旅次相於，惟譚最樂。既停塵尾，輒展烏絲，管城在側，聊復書之，鏚攦不施，褐槧斯庳②，小説者流，如斯而已。

　　光緒乙酉孟冬越人③汪瑔自識。

---

　　① 一般作“命儔嘯侶”，意爲招引同類，典出曹植《洛神賦》。歡，同“嘯”。

　　② 鏚攦，意謂“剪裁”；褐槧，標誌；庳，低下。

　　③ 光緒乙酉，即光緒十一年（1885）；汪瑔入籍廣東番禺，別號“越人”以紀念其本貫浙江山陰。

卷　一

　　虞道園①有詩云："耳目聰明一丈夫,飛行八極隘寰區。劍吹白雪祆②邪滅,袖拂春風槁朽蘇。氣似酒酣雙國士,情如花擁萬天姝。如今一去無消息,只有中天月影孤。"道園自云："予少年過薊門酒樓賦此,題曰'連十八書',郡人疑其爲呂洞賓詩也。"見道園《歸田稿》。近江右吳蘭雪刺史嵩梁③在河間得酒,縱飲至醉,賦詩題逆旅堊壁云："游戲人間亦偶然,不成將相不成仙。黃河絶唱真才子,紫塞狂游俠少年。百念掃除無垢地,三生飄泊有情天。傍人見下梅花拜,只道梅顛一味顛。"末署"梅顛"二字,觀者不知爲誰也。見《香蘇山館詩集》。古今文人

---

　　① 虞集(1272—1348),字伯生,號道園,元代文學家,祖籍四川仁壽,遷江西崇仁,有《道園學古録》等行世。

　　② 祆,同"妖"。

　　③ 吳嵩梁(1766—1834),字子山,號蘭雪,江西東鄉人,曾任貴州黔西知州,有《香蘇山館詩鈔》。

游戲正爾相似。

嘉慶間有武人某不甚識字，聞成邸①有書名，亦以扇乞書。王爲濃墨大書"一"字與之，某跽而請曰："王何以書此字？其亦有意耶？"王笑曰："無他，吾擇汝所識者書之耳。"舒大令舒隆②説。

吾鄉李鐵橋臬使澧③書迹怪偉，嘗鎸小印曰"自成一家"，每書輒用之。一日，遇某觀察，忽問："公與李闖同族耶？"臬使愕然，觀察徐笑曰："公非與闖同族，何以云'自成一家'也？"臬使悟，不覺撫掌。

余交游中，有先以文字相知而後識面者，凡五人：番禺李研卿觀察應田、漢軍陳朗山孝廉良玉、富順朱嵋君中書鑒成、番禺沈伯眉學博世良、嘉應黎近夫上舍汝恕也。④

---

① 成親王永瑆（1752—1823），乾隆皇帝第十一子，清代著名書法家。

② 舒隆，旗人，咸豐元年（1851）任廣東始興知縣。

③ 李澧，字鐵橋，浙江山陰人，道光二年（1822）任廣東督糧道，同年陞廣東按察使。

④ 李應田，廣東順德人（汪瑔誤作番禺人），字研卿，咸豐二年（1852）進士，獎叙以道員用；陳良玉（1814—1881），字朗山，廣州漢軍鑲白旗人，道光十七年（1837）舉人；朱鑒成（1819—1865），四川富順人，同治舉人，官內閣中書；沈世良（1823—1860），字伯眉，廣東番禺人，咸豐八年（1858）被舉爲學海堂學長；黎汝恕，不詳。

咸豐辛亥，許霞橋孝廉^{祠光}①創詩社於廣州，研卿見余社
中詩，遂來相訪，明年北上成進士、入翰林，發南河學
習，以軍功擢道員，遂不復相見，未幾，歾於江南。余
所見研卿詩皆其少作，然如"幽潭鑑古心，空山答②人
語"、"星辰歷亂參朱鳥，江漢蒼茫對白鷗"《黃鶴樓》、
"春色醉人花是酒，韶華留客水如年"《揚州》，皆詞意清
矯，亦足覘其才思也。

　　朗山居廣州城西，與無錫杜季瑛雋③寓齋近，一日於
季瑛案頭見余《金縷曲·感懷》詞，激賞之，次韻見和，
袖稿示余，遂時相往來，三人者幾無日不相見也。咸豐
癸丑，朗山北上，中途遇寇，狼狽南歸。嗣館東官④黎
氏，余適客縣廨，因集山谷詩"故人相見自青眼，今日
高才未白頭"二語書楹帖贈之。朗山有詩云："老我平生
餘患難，頻年交舊音書斷。江南陷賊幸逃身，歸閲佗城
兵火亂。倉皇避地各東西，荒村夜夜驚鳴鷄。眼中幼子
又飢卒，長歌欲放聲酸嘶。菊花色黃楓葉赤，異縣相逢
還此日。數到詩人涕淚多^{原註謂無錫杜季瑛去歲在圍城中礮卒，}

---

①　許祠光，號霞橋，廣州高第街許祥光弟，咸豐二年壬子科舉人，
徐聞縣教諭。咸豐辛亥，即1851年。
②　原爲畬，同"答"。下徑改爲"答"。
③　杜雋（1833—1857），字篆君，號季瑛（季英），江蘇無錫人，
汪瑔好友。
④　東官，即"東莞"。

償來杯酒幽憂失。此身不死或關天，區區抱書真可憐。
人間當道半豺虎，世外閱劫誰神仙？汪水雲，吾與汝，
羅浮近鄰天尺五，長鑱好闘黃精圃，丹竈可燒芝可煮。
但學長生訪葛洪，何用哀歌傷杜甫。太原王烈真可人，
石髓同餐味如乳。謂王蘭谷蘊玢，五嚮亭①丈長子也。丈時宰東
官。”余復答之云：“與君南武亭邊別，訪我東官縣裏來。
萬里還家重避亂，六年歧路一銜杯。杜陵詩句愁來少，
庾信文章老去哀。莫怪酒闌饒涕淚，舊游蕉絶越王臺。”
朗山工於倚聲，所著詩詞已刻行。朗山旋補北通州學正，以督
海運事擢知縣，光緒初卒。

嵋君詩戞戞獨造，如“讀書益神智，舉酒活魂魄”、
“煙靄潤古抱，霜風知異才”、“大地黃河非故道，愁人
綠鬢不重來”，語皆有奡②兀之氣。平生詩文極多。君歾
後，其故交選刻之曰《題鳳館集》。哲兄小封大令鉅成③
亦工詩，惜遺集無可問矣。

伯眉清癯多病，卒時年僅三十餘，其遺詩號《小祇

---

①　五福，字嚮亭（響亭），内務府漢軍正白旗人，本姓王，歷任東
莞知縣、曲江知縣，曾署番禺縣，陞廉州知府，調瓊州府，歷署潮州、
高州、肇慶府，所至有政聲，民國《番禺縣續志》有傳。長子蘊玢，
另一子蘊璘。汪瑔入五福幕達十六年之久，與五福兩子熟稔。

②　奡，同“傲”。

③　朱鉅成，字小封，朱鑒成兄，由舉人官廣東文昌知縣。

陀盦集》者，蘊玉仲蘊璘①爲之付刊，別有《倪雲林年譜》，南海伍氏刻入《嶺南遺書》。詩學山谷而益以綿麗，五、七古長篇不能備錄，姑節其七言斷句如左："梅子尚酸蠶結局，柳綿將盡燕成家"《綠陰》②、"燭奴寂寂東西屋，月子彎彎上下弦"、"秋槐暮雨三間屋，水碓谿田一棱山"、"青苔及榻就詩夢，黃月當花聞雁聲"、"十口累增鹽米外，三春花落鼓鼙中"、"勞生託命鑱黃獨，刻意悲秋種白楊"、"石蝴有花初喫雨，木奴生子自成村"、"生涯力盡蝸黏壁，世事心驚燕處堂"、"騎驢早索長安米，射虎新裁短後衣"、"卻喜替人猶有月，略分餘綺尚成霞"《夕陽》、"今日罪言思杜牧，當時孤憤笑韓非"、"一自南湖歸白石，每從東閣憶朱雲"《寄芙生東官》。

　　近夫與海昌俞溥臣洵慶③同客樂昌，於溥臣案頭見余所賦《從軍行》，次韻見寄，嗣還廣州，寓舍相距不數武，朝夕還往，致足樂也。未幾，復別去。君既客死，詩文皆散佚，余從其家覓得殘稿數紙，中有《秋晚雨晴登江樓用坡公無題韻》詩云："朝來風滿樓，吹斷雨如線。江水添數尺，奔流駛竹箭。遙望山容新，已逐雲氣

---

① 蘊璘，字玉仲，五福之子，廣東候補同知，瓊海關委員，曾署樂昌知縣，有《多故意齋詩稿》。

② 本書中，汪瑔凡"蔭"字多作"陰"字。

③ 俞洵慶，字溥臣，浙江海寧人，著有《荷廊筆記》，頗多嶺南掌故。

變。樓高客心開，病起詩骨健。賞以酒十千，肯使秋光賤。聊避屋打頭，詎畏風拂面。參差雲樹合，遠近巒岫見。忽聞乾鵲聲，觸盡若相勸。”《曉晴游峽山寺用東坡韻》詩云：“雨歇衆峰出，維舟煙水灣。言尋招提居，一洗塵垢顔。濛濛空翠合，漠漠孤雲還。老僧禮清磬，爲客開禪關。風聲雜泉石，不辨來何山。想像帝子靈，采藥巖谷間。俯視所經歷，川路青巒環。登艫倘回首，窈渺空煙鬟。”又斷句《和友人·春懷》云“尋來春夢花前淚，觸動秋心樹杪風”，《寄內》云“燈下笑言惟有影，客中枕簟即爲家”，《飛泉洞》云“雲氣化爲千尺水，松聲涼合四山秋”。

　　錢唐①陳子垕太守坤②有《如不及齋詩集》，如“野市牛輸税，梯田鳥助耘”、“浮雲原不關身事，飛雪無端上鬢華”皆佳句也。子垕著書數種，皆有關於民生、吏治，其中《鰐渚回瀾記》一卷記潮州修隄事甚詳，余爲作後序。

　　咸豐壬子③春，許霞橋孝廉啓詩社於廣州，第一集爲

---

①　錢塘，古名錢唐，《旅譚》中兩用之。

②　陳坤，字子厚（子垕），浙江錢塘人，曾署大埔知縣，任潮陽知縣，居潮州三十餘載，撰《鰐渚回瀾記》、《嶺南雜事詩鈔》、《六脈渠圖説》、《虎門砲臺圖説》等。

③　咸豐壬子爲咸豐二年（1852）。前爲咸豐辛亥創詩社。

《人日花埭①看牡丹詩》，第二集爲《羊城元夕鐙詞》，同集者，余與朗山、溥臣、季瑛暨臨桂倪雲臞鴻、上虞張松谷_權、臨川李小川_{聯芬}、番禺潘謙谷_{受益}，此外尚有十餘人，每集得詩數十章，屬張南山郡丞_{維屏}甲乙之，謬以余詩冠首，諸君戲謂君詩格與南山近，故取同己之善，爾非然者，温太真過江，詎便作第一流哉。余笑曰：是固然，然月泉吟社以羅公福爲第一，後人尚更定之，何況於僕，特諸君有意見讓，不盡其才，遂令穄秕在前耳。相與一笑。未幾，諸君皆散去，社亦中輟，迄今二十餘年，詩都散失，惟記松谷七古中"人多南海衣冠氣，春在東風富貴花"二語而已。斜川勝游，鄱陽暴謔，忽忽皆成陳迹，思之惘然。

松谷②作詩最速，存詩最多，余嘗規之，然實雋才也。道光中居廣州，嘗偕余痛飲，醉後賦長歌云"酒在衣襟詩在口，窮鬼愕眙富兒走"，見者以爲二人神情都出也。松谷後以軍功官連山廳同知，旋歿於任。

---

① 廣州芳村花埭，今寫作"花地"，清代有衆多名園，詩人張維屏所闢"聽松園"亦在此處。

② 張權，號松谷，浙江上虞人，監生，光緒五年（1879）任廣東連山廳同知。

　　臨川李夢崔郡丞宗淑①，芸甫先生之子，韋廬老人之猶子也，詩於五律最工，如"柱撐欲頹寺，厓挂半枯藤"、"一別十餘載，百年能幾回"、"一燈寒士命，五字古人心"、"借酒紅顏色，憑詩白性情"《上張南山夫子》、"貧來憂米價，病後望兒書"、"世亂難爲客，途窮易感恩"此類數十聯，皆刻意劖造，與賈長江、姚武功②相近。至其《久不得兩弟消息》詩云："兩弟南征日，偏逢母病時。亂離行客少，風雪渡江遲。道遠憂難達，囊空恐不支。干戈方滿地，相憶鬢成絲。"真摯老到，雖非少陵亦後山矣。

　　仁和馬秋藥太常履泰與張船山太守③交誼最密，集中多唱和之作。然太常詩格與船山不同，集中七言如"梅花半樹鼻功德，茅屋三間心太平"、"吾道自慚三不朽，百家彼亦一無窮"、"酒人勸種文章草，豪士來看旌節

---

　　① 李宗淑，字梅生，號夢鶴（夢崔），江西臨川人，李秉綬第五子，候選同知。李秉綬，號芸甫，長女嫁嶺南詩人張維屏第三子；李秉禮，李秉綬兄，號韋廬老人。臨川李宜民移居廣西桂林，業鹽致富，子秉綬、侄秉禮皆從之，有詩名。

　　② 賈島、姚合並稱"姚賈"。賈島曾任長江（今四川蓬溪縣）主簿，世稱"賈長江"；姚合曾任武功縣主簿，世稱"姚武功"。

　　③ 馬履泰（1746—1829），號秋藥，浙江仁和人，乾隆進士，累官至太常寺卿。張問陶（1764—1814），號船山，四川遂寧人，清代著名詩人，乾隆進士，曾任萊州知府。

花”、“閑掃鼃黽①成解脱，生憎孔雀有文章”、“平交落落嵩衡岱，俯閱忽忽周漢唐”《華嶽》、“到處飛來青屬玉，無言涼殺白荷花”，句法皆與楊誠齋爲近，在同時諸名家中亦可云别調孤行矣。太常又有《太王廟》詩云：“後世謀成誤，多緣效太王。易儲誰采藥，遷國異踰梁。祇自搖根本，誰知取弱亡。王基誠肇造，代遠事茫茫。”議論可稱新闢。

太常有僮曰屠桐隖，嘗以所作詩投吴蘭雪刺史乞和，刺史戲答之云：“十里看山扶竹杖，一枝臨水拗梅花。才如潁士甘磨墨，癖似盧仝替煮茶。”太常復和之，有“能添品字鑪中火，解折爻枝譜裏花”之句。同時，張船山太守亦有《僬僥》、《山魈》詩太守二僕也，爾時名流好自譽其僕，豈亦一時風氣耶？

襄平蔣相國攸銛②作《〈秋藥庵詩集〉序》云：“近世詩人以歸愚爲祖鉢者，往往局於步驟，若騏驥困於鹽車；服膺隨園者，又往往流蕩恣肆，無所底止。”乾隆、嘉慶間詩弊，數語盡之。

① 鼃黽，古同“蜘蛛”。
② 蔣攸銛（1766—1830），號勵堂，隸漢軍鑲紅旗，遼東襄平人，乾隆四十九年（1784）進士，曾任兩廣總督，道光五年（1825）擢大學士，故稱“襄平相國”。

　　潞河白季生觀察讓卿①同治初罷官游江南，時曾文正
公國藩以克復金陵功封一等侯，拜大學士，觀察集唐人句
爲楹帖以獻云："天子豫開麟閣待，相公新破蔡州回。"
公見之喜，贈白金三百。繼游嶺南，與張松谷同寓廣州，
時年已六十餘，猶豪飲劇談，無老人態也。松谷嘗舉前
聯相語，傍一客曰："以麟閣對蔡州似未稱"，松谷笑曰：
"以四靈對四靈，猶不謂工耶？"②客悟，亦大笑。觀察
撰聯佳者尚多，嘗舉以語余，惜俱忘之矣。

　　明成化丙戌，③新會陳白沙應試南宮，題爲"老者安
之"三句，陳破云"人各有其等，聖人等其等"，同考
者批其傍云："若要中進士，還須等一等。"見《堅瓠集》引
姚旅露書，湯沐公《餘日錄》亦載此事，以爲成化己丑，李西涯爲主
考，批曰"若還如此等，著他等一等"。蓋傳聞異詞耳。金正希④於
天啓辛酉秋試報罷，覓落卷視之，卷首書"一毫不通，
觀場則甚"八字。見周亮工《尺牘新鈔》正希與友人書。二公尚
遭此，況他人哉！番禺梁吉士茂才汝謙頗工時文，鄉試被

---

　　①　白讓卿，字寄生、季生直隸通州人，進士出身，浙江候補同知，
咸豐十一年（1861）曾署玉環知縣。父尚書白鎔（白小山）曾提督廣東
學政。

　　②　"麟"即麒麟，"蔡"爲大龜，均屬"四靈"之列。

　　③　明成化丙戌爲1466年。

　　④　金聲（1598—1645），字正希，徽州休寧人，崇禎戊辰進士，文
章名傾一時，後率兵抗清被執犧牲。

落，意甚怏怏。余舉二公事語之，相與啞然。今吉士逝
矣，追念生平，爲之慨息。近吉士長子□芬已成進士入翰林矣。
余所見文人畢生不遇又無盛名者，其後人往往早得科第，殆亦天道耶？①

會稽屠虛堂瀋源嘗作詠物詩一百首，號《聯珠百
詠》，其詩題皆松釵、榆錢、螢鐙、蟢鏡之屬，論者或病
其纖。然梅村集中，茄、牛、羹、鶴諸詩，刻劃極工，
亦不傷詩格也。虛堂詩至百首，固不能篇篇完善，然如
《詠蜂衙》云：“隊伍紛紛向曉添，抱香歸去日當簷。班
分將相朝儀肅，居有樓臺國制嚴。蠟塞遺封春自古，蜜
官清況夢俱甜。河陽風信年年早，遍課花租不害廉。”
《蘆筆》云：“未許湘筠索價高，也將描寫付詩豪。生花
有夢秋千里，繪水無聲碧一篙。隔浦魚書初脫稿，橫江
雁字入添毫。淋漓畫出湖天景，芳信年年問釣舠。”詞意
新切，亦正復可喜耳。

嘉應李子杜庶常佩蘅作《〈聯珠百詠〉序》，引同年

---

① 據吳天任《梁鼎芬年譜》，梁鼎芬父初名汝謙，後改葆謙，號
吉士，縣試第一人，旋食廩，候選訓導，以主事改捐知府同知，分發湖
南，同治九年（1870）卒於長沙，年四十。汪瑈避父諱，故“鼎”字用
□代替。

楊菊泉大令①《鼠嫁女》詩云："迨吉也同人有禮，于歸誰謂汝無家？"可謂新巧，惜不知其名，亦不知何許人。

　　金華王蘭汀䰂尹家齊②好藏金石文字，所蓄古磚百數十方，皆撱其銘識考訂之，有《松石齋詩集》，五言如"桐陰秋色暝，簹翠午風涼"、"雲痕侵樹色，山響雜泉聲"，七言如"插柳時光重惜別，落花天氣故愁人"、"明月前游思赤壁，故人無恙比青山"、"日如趙孟愁煎客，塵似元規解污人"、"未免矯情嗤折展，不堪揮淚聽彈箏"《邵伯懷古》，此類凡數十聯，皆可喜也。

　　俞溥臣著《衡華閣詩稿》中多合作③，嘗和余《柳影》詩云："臨水娉婷弱不支，芙蓉鏡底費相思。最憐小院無人處，難遣斜陽似畫時。淺碧春痕迷燕子，昏黃月樣鬪蛾眉。隋隄別思章臺夢，試問東風總未知。"余呼之

---

①　李佩蘅（1792—1851），字子杜，廣西荔浦人，嘉慶十八年（1813）拔貢，二十三年（1818）解元，二十五年（1820）中進士。此處稱"嘉應"，或有誤。楊延亮（1795—1835），字菊泉，湖南長沙人，嘉慶癸酉科（十八年）湖南鄉試解元，嘉慶二十五年成進士，次年授山西趙城知縣。道光十五年（1835）遭"教匪"曹順之變，死難，予謚"昭節"。

②　王家齊，號蘭汀，浙江金華人，官廣東候補鹽大使，有《松石齋詩錄》一卷。汪瑔記作《松石齋詩集》。

③　合作，疑應爲"和作"。

爲“俞柳影”。溥臣又字崧甫。

　　錢唐王少香之樾有句云：“夕陽斜度樹，秋水暗生烟。”元和張鶴生兵備錫蕃①有句云：“夕陽穿樹出，秋雨帶潮來。”二詩相似。兵備宰番禺有惠政，官至山西河東道，咸豐癸丑督兵剿賊，于垣曲陣亡，死事甚烈，事聞，贈太僕寺卿，事迹見江蘇所刻《昭忠録》。

　　少香言在桂林時，見扶乩者，仙至，書下壇詩一首云：“五銖衣拂玉樓斜，夜御天風小鈿車。歸到蓬萊清絶處，冷雲和月葬梅花。”自署葉小鸞。②又道光辛丑，廣州有人扶乩，書一絶云：“跨鶴閒游碧落天，白雲偶駐亦前緣。憑君莫問南來事，小別羅浮八百年。”亦自稱老坡云。

　　舟行山水中，帆輕櫓速，往往應接不暇。吳縣張梅卿杰有句云：“帆飛兩岸回頭失，柁轉一山當面來。”

　　錢唐梁晉竹孝廉紹壬《闌干詩》云：“秋干容易下斜

---

①　張錫蕃，字鶴笙（汪瑔寫作“鶴生”），江蘇元和人，由監生捐縣丞，分發廣東，署番禺縣，後陞安徽安慶府知府、山西河東鹽法道。

②　葉小鸞（1616—1632），明末著名才女，浙江吳江人，葉紹袁第三女，能詩，十七歲病卒。

陽，一帶參差蛤粉牆。有限亭臺添曲折，無邊風月要關防。屏山春鎖紅鸚鵡，棟井宵迷綠鳳凰。捲起珠簾三十六，有人背手繞迴廊。近依沼北遠樓東，半鎖春光半約風。饒有花時遮院落，更無人處見簾櫳。斜穿碧亞迴文細，巧篆紅丫卍字工。多少相思向誰訴，閒凭待到月朦朧。"又云："低圍藥砌春能度，小界蓮塘路不差①。儘工宛轉和愁倚，不斷連環放夢來。"孝廉有《兩般秋雨盦集》。

直隸趙竹丰錫三有《珠江即事詩》云："春風蕩漾木蘭舟，絃管聲聲入耳柔。聽到小重山一闋，任無情處也生愁。"曩見近人《潮州褉詩》五十首，無甚出色語，惟卷端有《石帆》、《山樵》、《題詞》三首甚佳，錄之："鳳皇臺上柳如絲，不唱楊枝唱竹枝。風月生愁春入夢，一囊紅豆一囊詩。""筆欲生花墨也香，盡情描寫野鴛鴦。鴛鴦易散情難盡，江水如何較短長。""紅兒妙舞雪兒歌，記在瀛州領略多。蝴蝶短篷桃葉渡，幾人情海不生波。"潮州爲廣東佳麗之地，校書、錄事與廣州相埒，乾隆間名妓如"狀元嫂"諸人，著名北里，故諺有"到廣不到潮，白來走一遭"之語，比年繁華漸減，鴛鴦一社、蝴蝶雙篷，亦不能如疇昔矣。

---

① 差，"差"的異體字。

《潮州褉詩》中亦間有佳者，如："韓江風雨夜瀟瀟，嗚咽江流魂欲銷。試聽琵琶彈一曲，東風經過幾回潮?""長板橋頭話別時，幾番急管與哀絲。可憐玉律拋殘後，腸斷當年老妓師。"亦可誦也。他如"翠翹金雀玉如意，儂是蓬萊第二人"、"惟有淚痕留不住，又隨春色上花梢"、"報道曉妝猶未竟，黃金十兩看梳頭"皆其佳句。

毛際可譏袁籜菴《西樓傳奇》以三生石事隸之情艷，以爲誤用，然詞曲家用典往往不拘來歷，湯若士《牡丹亭·勸農曲》云："如酥嫩雨，繞塍春色蘴苴。"蘴，呂下切；苴，側下切。韓昌黎文"補苴罅漏"。按：《類篇》"蘴苴，泥不熟貌"。若士曲中用此二字，下復云"趁江南土疏田脈佳"，是亦誤用矣。《黃山谷集》呼蜀人爲川蘴苴之説，又一解。

王次回《春游》詩云："開盡畫船天未午，游人猶悔上船遲。"友人錢唐姚習荇德傳《清明》絕句云："蹋青起早芳郊外，綠水橋邊已有人。"二詩同一機穀。習荇又有《春游》句云："水外桃花村外柳，行人都立畫橋西。"

象州鄭小谷比部獻甫[①]，經學湛深而詩極清矯。予仿敖繼孫作詩評，謂如蓬島散仙，目無塵世者也。比部嘗

_____

① 鄭獻甫（1801—1872），原名存，字獻甫，號小谷，廣西象州人，後以字行。

言，近世矜考據者不知文章，言詞章者不知經術，皆半截學問耳。彼此相輕，都無是處，故其詩無經生家膚庸陋塞之病。集中五、七言嶔奇歷落者多。近體如五言云："雲眠一孤客，星動五諸侯。詩卷金剛杵，詞章菩薩鬘。兔園多學究，狐穴少詩豪。海色中天月，潮聲外國舟。大地此間白，數峰何處青。"七言云："同人皆羨事無事，老我正兼材不材。兵農勢合民爲盜，衣食塗窮士買官。南海衣冠無古學，西來文字有元風。我欲見之晨對鶴，誰其云者夜談鷄。最無賴事惟謀食，大有爲人不著書。尋常答拜多生客，少小論交半古人。名有吹噓當日損，詩無流派不雷同。"皆戞戞獨造，迥不猶人。比部同治庚申以前詩已鋟版行世，號《補學軒詩集》，今所摘句，皆辛酉後詩也。

絕句以情致、神韻爲工，其以氣魄勝者，絕句之變體，古人偶一爲之耳。錢唐姜淳甫安《怡園集》中最工此體。《春日湖上》云："冷紅點地絕纖埃，淨綠鷗波似撥醅。一雨湖田春意足，菜花黃過板橋來。"《寒食》云："楝子花開小院東，落英黏濕燕泥紅。一簾細雨催寒食，門巷愔愔似夢中。"此外，近人絕句之佳者，仁和陸欣木太守向榮《高陽道中》云："蒼茫烟樹暮天低，傍晚猶聞布穀啼。若問征人何處宿？斜風細雨板橋西。"萍鄉文定斯守元①《旅次聞笛》云："身在他鄉夢不成，關山

---

① 文守元，文廷式曾祖。

迢遞月分明。梅花落盡無消息，又聽高樓笛一聲。”山陰金薇軒_{文垣}《過舊游處》云：“路過銀塘東復東，敗荷殘柳不禁風。舊時臺榭無尋處，半角闌干露退紅。”花縣曾曉山_照《豐湖春泛》云：“傷春曾記大蘇詞，怕向風前演竹枝。歌到柳綿吹又少，六如亭上雨如絲。”又先高祖雨亭公《哭友》詩云：“中庭月隱少微星，脈脈泉臺夢不醒。一束生芻兩行淚，輓詞無處倩君聽。”嘗聞人言，嘉慶中有總漕過江南某邑，邑胥書船旗官銜，誤漕爲糟，某公戲以一詩《寄邑令》云：“生平不作醴陵侯，誰把舳船當客舟。豈有尚書充麴部，果然名士愛糟邱。酒泉太守名原好，伏獵郎官事可愁。寄語當年彭澤宰，一尊可肯代扶頭？”或云此詩爲許秋巖尚書_{兆椿}作，見《秋水集》中，然字句與余所聞不同。

錢唐李子駿_{成業}余姊婿也，氣體清羸，甫逾弱冠而卒，其遺詩數十首，都已散佚，惟尚有斷句可憶者。《晚眺》云：“斜陽明白鳥，急雨洗青山。”《雜興》云：“醉邀明月作三客，坐對好花無一言。”

廣州多詩社，番禺葉蘭臺户部_{衍蘭}①少時在社中，詠鴛鴦句云：“笑我夢寒猶待闕，有人情重不言仙。”有柳

---

① 葉衍蘭（1823—1897），字南雪，號蘭臺，咸豐六年（1856）進士，葉恭綽祖父，工詩詞，與汪瑔、沈世良並稱“粵東三家”。

翁者見詩喈曰：“有才，如此尚作‘不知何處月明多’人耶？”以女妻之。余褱①蘭臺詩，有“佳士性情如蛺蜨，詩人名字借鴛鴦”之句，蓋以崔珏爲比也。蘭臺詩長於近體，詠綠陰云：“重來池館剛三月，入望樓臺隔一重。”《有贈》云：“學畫名花留小照，要將明月問前身。”

桐城孫勤菴長恩占籍金陵，有《到家》詩云：“細雨初晴出筍芽，白門小市上魚鰕。杏花村裏三間屋，春到江南客到家。”

道光初廣州伶人菘齡，故吳人，頗解文字，爲名流所賞。一日，于某廉訪座中演《折柳》劇，詞態韶媚，一座盡傾。客問：“頗解曲中詞意否？”曰：“略解三數語。”問：“何語最佳？”曰：“‘分明殘夢有些兒，睡醒時好生收拾疼人處’也。”一座粲然。

道光間嘉應吳石華學博蘭修以詞名嶺南，② 余尤愛其《卜算子》一詞。自序云：“園綠萬重，月不下地，夜涼獨起，冰心悄然，惜無閑人同躡深翠也，輒倚橫竹寫之，時甲戌七月十三夜。”詞云：“綠剪一窗煙，夜漏如何許？

---

① 褱，“懷”的異體字。

② 吳蘭修（1785—1839），廣東嘉應州人，清代廣東名學者、詞人。

碧月濛濛不到門，竹露聽如雨。獨自出籬根，樹影拖鞵①去。一點螢燈隔水青，蛩作秋僧語。"

乾隆間詩人多作綠春詞，而辭恉互異。嘗以問蘭臺，曰："《綠春詞》有二，其一青浦徐補桐方伯恕②所作七律三十首，香籨體也。其一吳蘭雪刺史姬人名綠春，姓岳氏。刺史初詣其居，貽碧桃一枝，俄有奪以重聘者，姬曰'已簪吳氏花矣'，遂歸吳氏。刺史賦《綠春詞》七絕十五首。姬殉，又作七律十五章悼之。兩人所作，和者皆數十家。後人因'綠春'二字相同，往往誤認爲一，其實兩事也。"

"北宋訪殘碑，人去未忘羅漢果；東官留古刹，我來曾喫趙州茶"，鄭小谷比部題東莞資福寺聯語也。寺有東坡書《羅漢閣銘》殘刻數十字，余《東莞襍詩》云："古刹蕭然午磬遲，莓苔石逕自逶迆。我來閱遍斜陽影，更爲殘碑立少時。"

廣州珠江夜月爲羊城八景之一，燈火笙歌往往申旦。季瑛《珠江春夜》絕句云："三尺蒲帆五兩風，渡江人

---

① 鞵，同"鞋"。

② 徐恕（？—1779），字心如，號補桐，江蘇青浦人，乾隆十六年（1751）中進士，官至山東、浙江布政使。

在月明中。桅燈不隔玻瓈水，流下春潮十里紅。”“綠垂楊外一停橈，夜半春風欲上潮。惆悵倚闌人在否？月明多處聽吹簫。”雲癯①亦有《珠江褉詩》二首，云：“綠楊陰裏試停橈，終古潮痕尚未消。明月二分風五兩，一燈紅出漱珠橋。”“畫舫中流載綺羅，秦青按拍小紅歌。二絃聲急三絃緩，不及琵琶哀怨多。”

季瑛才氣英發，集中五、七古最工，近體五言如“旅食仍南國，年華信北風。殘漏猶妨夢，重簾不隔寒。堁色暝遮樹，山風寒入城。古寺晚來磬，夕陽何處蟬”《落葉》，“薄海煩儒將，明君識舊臣”《林文忠公輓詞》，“年少如楊柳，多情恨有餘”，“鄉心生海月，兵氣入春農”，“簾花衣上落，鄰磬夜深鳴”，“里人②聞亂後，失意讀書時”，“散愁名酒盡，顧影寶刀閒”，“柳晴多繞郭，山暗遠疑雲”，“殘夢侵燈事，中宵厭雨聲”，七言如“料得團圞③惟有月，相逢形影已如烟。抱日西簾雲旖旎，零星北斗夢闌干”《無題》，“豺虎縱橫歸客少，鷄蟲得失感人多”，“十里歌塵燈市月，一帘春影酒家樓”，“一孔之儒多目論，十年而後見才難”，“三生綺

---

① 倪鴻（1828—1892），字延年，號雲瓁、雲癯，廣西臨桂人，官番禺縣丞，著有筆記小説集《桐陰清話》八卷。

② 底本爲“裏人”，應爲“里人”。

③ 底本爲“團欒”，應爲“團圞”。

語消禪榻，一夕悲歌缺唾壺”，“白袷相逢長似舊，青山歸去定何年”，“北府經年除米賊，南州併力事刀耕”，“南來鴻雁秋天少，東去魚龍水國深”，“天涯惜別還兄弟，官樣爲文未主臣”，“李花欲暝初疑雪，燕子如人亦病寒”，“花猶識我相逢處，柳亦如人悵望中”，皆不愧作者。咸豐丁巳①居廣州，遭英吉利之亂，中礮死，年甫二十五，惜哉！

季瑛性高簡，罕交游，而獨與余善，言行、文字間彼此礛厲，骨肉無異。或所見不合，爭辯累日夕，亦不以爲忤也。季瑛殁後，余從其兄仲容索得遺稿，整齊排比之，得詩兩卷，爲鋟板以傳。追惟昔日往來談讌之樂，蓋不可復得矣。爲之綦欷！

雲朧少作清麗居多，而余尤愛其“人無哀樂頭難白，坐有嬋娟眼易青，多少名場舊賓客，新詩題遍水西亭”數語，爲有凄愾纏綿之意，不徒以塗澤爲工。

---

① 咸豐丁巳，即咸豐七年，公元 1857 年。1857 年 12 月，英、法聯軍攻陷廣州。

　　番禺陳蘭甫學録澧①雨中過嚴瀧賦《百字令》詞自序
云："夏日過七里瀧，飛雨忽來，涼沁肌骨。推篷看山，
新黛如沐，嵐影入水，扁舟如行緑頗黎②中，臨流洗筆，
賦成此闋。倘與樊榭老僊倚笛歌之，當令衆山皆響也。"
詞云："江流千里，是山痕寸寸，染成濃碧。兩岸畫眉聲
不斷，催送蒲帆風急。叠石皴烟，明波蘸樹，小李將軍
筆。飛來山雨，滿船涼翠吹入。　　便欲艤棹蘆花，漁
翁借我，一領閑蓑笠。不爲鱸香兼酒美，只愛嵐光呼吸。
埶水投竿，高臺嘯月，何代無狂客？晚來新霽，一星雲
外猶濕。"學博邃于説經，品詣高雅，所著書皆已刻行。
光緒初，大吏論薦，賜五品卿銜。③

　　往昔珠江盛時，三春佳日，游舫如雲。順德吴星儕
孝廉炳南《珠江春泛》詩云："珠江一棹碧拖烟，日日尋
芳水閣前。何處有花何處泊，畫船無定是春天。"點綴江

---

①　陳澧，字蘭浦、蘭甫，江蘇上元人，祖籍浙江，入廣東番禺籍。
阮元督粵提倡樸學，立學海堂課士，不設山長，以陳澧等人爲學長。晚年
講學菊坡精舍。陳澧不樂仕進，以講學著書終其身，有《東塾讀書記》
等行世，弟子有文廷式、梁鼎芬、陶福祥等。陳澧曾被授國子監學録。

②　玻璃，舊時有人寫作"頗黎"。舟如行緑玻璃中，意境甚佳。

③　陳澧留下大量手稿未刻，有散佚。黄國聲等學者整理各方藏稿
而成《陳澧集》6 册，於 2008 年出版。光緒七年（1881），經兩廣總督
張樹聲奏請，上諭"朱次琦、陳澧，均著加恩賞給五品卿銜，以爲績學
敦品者勸"。

山，招邀風月，固秦淮、山塘之亞也。比年洊經兵燹，青簾白舫，百不一存。迨戊午①三月重過珠江，則烟水迷離，蒼涼欲絶矣。讀星儕詩，不禁惘然。

　　珠江游船有號“橫樓”者、“沙罟”者、“紫洞艇”者，華麗相尚，文窗花户，間以錦繡玻璨，大者中艙可設四筵，游人召客光妓侑觴，非此不豪也。然舟底甚淺，上重下輕，偶遇風濤，動至危險，故每泊而不行。其載妓隨波往來送客者，别有小艇，號曰“鐙鋪”，雖僅容十許人，而陳設亦復楚楚。嘗有人取張子野詞“約風月今宵何處”語，書小牓縣之，可謂雅切。

　　昔人《灑淚雨》七月八日雨爲灑淚雨詩云“不解女牛離別意，一年有淚一年無。”吴星儕《送春》詩云“到底家山在何處？年年三月便思歸”同一語妙。

　　九成臺在韶州府西北隅城垣上，俯臨武溪，中祀虞帝，有東坡《九成臺銘》碑，蓋明郡守某重刻者。咸豐乙卯，余游韶州，爲人撰臺聯云：“誰曾見北宋名流？有四面雲山，依然秋色；何處問南薰法曲？只千年瀧水，

──────────

　　①　戊午爲咸豐八年，即1858年，爲第二次鴉片戰爭英、法聯軍佔領廣州時期。

不斷江聲。”郡城別有張文獻公祠，① 祠中有一聯云：
“人傳忠愛文章千秋金鑑；我想名臣風度幾樹梅花。”語
極莊雅，惜不記作者姓名。

落第詩有慷慨者，有曠達者。番禺李碧玲孝廉能定②
《下第南還到家》詩云：“昨夜鐙花徹曉殷，五千里外返
柴關。如天一路平安福，權作春風及第還。”何其有餘味
也。碧玲他詩，如“兒頑亦漸通苗語，客久都能坐峒
船”、“紫筍白魚嚴子瀨，青山紅袖富春船”、“如何解作
長門賦，翻使深閨怨白頭”皆新雋可喜。

陳獨漉《懷古》詩沈雄奇麗。近番禺鄭棉洲棻和之
《汴梁懷古》云：“黃沙飛暗大梁城，百萬蒼頭失勁兵。
虎圈鬚眉空賈勇，鴻溝界限早分明。地當博浪悲歌易，
人到夷門慷慨生。莫問信陵諸食客，報恩從古少侯嬴。”
《維揚懷古》云：“紅橋綠柳古揚州，富貴神仙感壯游。
馬渡濤聲連地湧，龍江雲影抱天浮。千家金粉喧花市，
八代文章括選樓。莫向蕪城談作賦，玉杯繁露有春秋。”
其他如《燕趙懷古》云“千古幽燕豪俠地，不堪持酒酹
燕昭”、《金陵懷古》云“千秋艷事青箱記，六代閑愁白

---

①　張文獻公祠祀張九齡。

②　李能定，字碧玲，先世陝西人，入籍廣東番禺，道光十七年
（1837）中舉人，咸豐八年（1858）被推爲學海堂學長。

板門”，皆不愧才人吐屬。

大興舒立人孝廉位，年十四時在廣西，會安南入貢，侍父出鎮南關迓使者，賦銅柱詩云：“日微煩郵吏，雲臺失畫工。關中遲鄧禹，牀下拜梁松。豈有三遺矢，曾經一挂弓。可憐銅馬式，何處烏呼風。突兀三千仞，摩挲五百年。將軍功略地，丞相樹參天。華表疑歸鶴，淫谿感視鳶。六州誰鑄錯，只有謗書傳。”使者攜詩歸安南，由是詩名達於外域。

漢軍秀子璞郡丞秀琨言在京師時見朝鮮人李藕船惠吉，其國王族人也，言語不相通，每與之談，輒列筆研，取小牙牌書以問答，往復之際，多作駢儷語，頗近六朝。後聞人言，藕船故彼中才士也。藕船云，國人言詩者宗錢唐吳穀人祭酒錫麒，學畫者宗揚州朱野雲鶴年，皆爲盦供之，每遇二公生日，輒獻名花、佳酒。其時二先生尚存，已見重於外域如此。

子璞郡丞英夢堂相國英廉之姪孫也，姓馮氏，先世本嘉興人，後徙山東，復徙遼東，從龍入關，後隸漢軍籍。王蘭泉侍郎《湖海詩傳》采相國詩，乃誤以爲涿州之馮。張南山《詩人徵略》亦承其誤，郡丞嘗致書南山，囑其改定，乃改涿州爲遼東云。

錢唐陳雲伯大令_{文述}①《定頤道堂集》取少作《碧雲仙館詩》删去十之七；漢軍徐鐵孫兵備_榮自定詩集，凡少作《學海堂詩》悉删去不存。阮文達公見之曰：“鐵孫詩以七律爲工，故《學海堂集》中所録最多，何自定之集不存一首耶？”鐵孫聞之，乃亟編入集中，爲兩卷，曰《學海集》。

東莞簡東洲_{士良}、羅鐵漁_珊皆以能詩名邑中，一日與陳朗山暨番禺居梅生_巢同集友人許，酒間，東洲誦其近作云：“黃花天氣團臍蟹，紅樹江干縮項鯿。”相與擊節。朗山云：“惜不令漁洋老人見之，當呼君爲簡團臍，鄉先達祁魚鰕不能專美於前矣。”鐵漁曰：“設呼爲簡縮項，奈何？”梅生代答曰：“團臍拜嘉，縮項奉璧。”一座爲之撫掌。

泰西人合信著《全體新論》②書，引新舊約書曰_{原注：此書舊者乃天啓古聖所作，新者乃耶穌門人所作，泰西諸國所崇奉者}。原始造化主，撮土爲人，名曰亞當。取亞當一脇附之以肉，又成一女，賦之以明靈之性，予之以主育之權，

---

①　“令”原爲“合”字，誤。陳文述曾任昭文等縣知縣，故稱“大令”。

②　英國醫生合信（Dr. Benjamin Hobson）1848 年起定居廣州行醫，用漢文寫作生理學、解剖學著作《全體新論》，於 1851 年出版，對現代醫學在中國的傳播貢獻甚大。汪瑔此處的評論甚無謂也。

使相配合，是人類之祖，其言荒誕可笑。然撮土之説，即黃土搏人之説也，殆彼中人曾見中國書籍者爲之。

咸豐己未，漢陽相之喪歸自海外，至廣州，① 當事爲易棺衾殯於斗姥宫。時輓聯極多，而措詞頗難得體。惟陳蘭甫學録代其友人作一聯云："公論在人間，只緣十載舊恩頻揮涕淚；英靈歸海外，想見一腔遺恨化作波濤。"語意最渾融可味。

吾鄉史尚書致光未達時，家極貧，赴京兆試日，乞貸親友得數十金，攜以北上，其夫人居敝屋中，以紡績自給。公是年領薦，明年成進士，廷對第一，泥金帖至，報人乞犒錢，夫人無以應，檢蓋篋中有舊紅綾數尺，猶嫁時物，俗所謂蓋頭帕者，取以付之，曰："與汝爲信，俟修撰南還，可持此索賞也。"亦佳話矣。今之蓋頭帕，殆古景之遺意，《昏禮》曰"姆加景"。② 注：以禪縠爲之。

無錫杜仲容大令友韋，季瑛之兄也，十六歲時取廣州古迹作詩二十餘首。《越王臺》云："趙尉稱王地，書生作客來。浮家曾泛海，弔古復登臺。山色排天盡，江流

———

① 1857年底兩廣總督葉名琛被英國俘虜，咸豐己未九年（1859）死於印度，英方將其靈柩運回廣州。

② "姆加景"，出自《儀禮·士昏禮》，景即幜；姆，新娘的女師。汪琭認爲"幜"即後世新娘的紅蓋頭。

抱郭回。中華同日月，癉癘百蠻開。”《花塔》云：“百
尺浮圖聳，齊梁歲月遥。荒碑苔没字，老屋樹干霄。鬼
物千年守，秋風半夜驕。摩銅新雨洗，光怪認前朝。”其
後舉京兆、官縣令，詩筆轉不及少時，然如“春隨兵氣
轉，心逐嶺雲飛。客久逢新燕，詩成憶故人”，“南海孤
舟剛夜半，西園片月又秋初”，“慣爲遠别渾忘久，聞説
將歸轉恨遲”《懷孟和兄》，亦復琅然可誦。仲容才不及乃
弟，而言論風采過之，乃試令甫數月，旋以憂去，不久
遽卒，惜哉！

北宋人趙令時嘗取元微之《會真記》分爲十章，章
賦《蝶戀花》詞一闋，又别爲二曲，於傳之前後檃括本
事，始末絲貫，蓋已有後世傳奇之意。後來董、王《西
廂記》諸作，此其濫觴歟？事見令時所撰《侯鯖録》。令時自記
云：“撰成鼓子詞十章，近世有鼓兒詞，似是沿襲斯名，特其詞雅俗不
同耳。”

毛西河《詞話》謂宋末安定郡王趙令時始作商
調鼓子詞譜《西廂》傳奇。按：令時十詞實非傳奇，
西河所言未免附會。至以令時爲宋末人，《四庫全書
總目》已糾其誤矣。

《永樂大典》有“平話”一門，所收至夥，皆優人
以前代軼事敷衍成文，而口説之。見《四庫全書總目·雜史
類》存目《平播始末》條下。近世所行平話多鄙妄不經，可觀

者甚罕，《大典》所收皆宋元時舊本，不知體格何似？當開四庫館時，排纂《大典》所收之書，經籍繁富，此等優俳口語，諒無傳鈔之者。如能鈔出，勒成一編，當遠勝坊肆間諸演義書也。潘岳《西征賦》"晉演義以獻說"，"演義"字殆出於此。

近世有火食擔子者，以輕木爲之，行役游山，取攜甚便。凌竹坡大令斐然嘗以一具貽童潤齋先生，先生以小啟謝之云："茅齋位置在都籃、立饋之間，竹館追隨，代竀格行厨之用，製器殆源於木屐，稱名偶借於筍將。①"是物之形製、名稱，盡於數語中矣。沈括《夢溪筆談》"大夫七十而有閣。……板格，以庋膳羞者"，正是今之立饋。又，宋人呼竹轎曰"擔子"，故曰稱名偶借於筍將也。饋字殆是匱之駁文。擔子，宋人說部有作檐子者，未詳孰是。

《壯悔堂集·郭老僕墓誌》敘其詐稱官人娶婦事，筆致奇譎，蓋脫胎於昌黎集中《王適墓誌銘》。

隨園老人以翰林改官縣令，賦《落花詩》以寄意。近石埭沈槐卿大令衍慶，道光乙未進士，出宰江西，自泰和調鄱陽，有《春草》詩八首，其第一首云："宮娥鬭

---

①　"屐"原爲"庋"，誤。應爲"屐"，屐之異體。《公羊傳·文公十五年》："筍將而來也。"筍，竹輿也。

罷任紛飛，又趁平原拾草歸。生意肯隨殘燒盡，出山漫道託根微。依然南浦長迎送，莫向東風較瘦肥。猶有夢魂常戀闕，御溝柳下濕輕緋。」亦以自寓也。大令在官有政聲，咸豐三年七月賊陷鄱陽，大令殉難，事聞，贈道銜，入祀昭忠祠，有《槐卿遺稿》詩文凡六卷。集中有上大府請罷和議書，指陳利害甚悉，篇長不錄。

上虞張竹鄰上舍楠少時專精制藝，爲進取計。及壯，隨其尊人來嶺南，始學爲詩，嘗自言爲舉業所累，詩不能工，然如謝人饋蟹詩「漁火一星蘆葉岸，酒徒九月菊花天」頗有元人風致也。竹鄰行止敦謹，長於余十餘歲，余髫齔時即與之交，見余詩文不問佳否輒錄存，故其歿也，撰聯輓之，有「文字自深知己感，生平原當古人看」之句。曩於夏夜與友人納涼，取古人名屬對，至項羽皆默然。竹鄰沈思久之，曰：「吾得之矣。可對頭須。」

詩文一理，而亦微有不同。鄭小谷言，文如樹，詩如花。杜季瑛言，作文須得山意，作詩須得水意。余則謂：樹不必著花，花須求成樹；山無雲則氣象近，水無風則波瀾平。吾鄉人家於除夕燒橡燭，自昏達曙，謂之接光。孟襄陽集《歲除夜會樂城張少府宅》詩云：「續明催畫燭，守歲接長筵。」吾鄉蓋猶沿唐俗也。

卷　二

宋葛長庚六言詩"風揭蓮花白起，月篩桂子黃香"句中用古人姓名作丹砂，狡獪也。《隨園詩話》載《齒病》詩曰"易牙思妙術，鑿齒鮮良方"，又吾鄉朱圖南丙《與友人對弈》詩云"有心尋子路，無意見公輸"，皆類葛氏者。又近人作酒肆語云"勸君更盡一杯酒，與爾同銷萬古愁"。葛集句贈王秀才詩即有此二語。元吳師道集句答潘季通詩亦有此二語。

高要何乃嘉茂才懋曾《柿葉》詩云"秋色滿階下，斜陽黃一堆"，錢塘姚習庵《柳影》詩"春水綠三尺，闌干紅幾層"，春水句與斜陽句正可作對。乃嘉詩五言如"春來猶作客，花柳赴鄉愁"《避居要崗鄉》，"疏林攪曉月，野水浴春星"《新江舟夜》，"經聲千劫在，人影一池深"《風幡堂》，"文章仍白屋，歲月感青春"《旅感》，七言如"小閣驚寒愁夜雨，大江流夢入華年"《答允之見寄》，"何人駿骨收寒士，幾輩鳶肩位上公"《珠江客感》，"江漲風潮吹地轉，年荒禾黍歎秋成"《諤君過訪》，氣格皆與獨漉堂相近。

　　昌黎云："凡爲文辭，宜略識字。"見《科斗書後記》。先師武進陳企堂先生肇禧嘗云：識字有三等，最上者僅識一兩字，目識之，身允蹈之，若此者，似易而實難；次焉者，凡舉一字，其讀有幾，其義有幾，正義若何，假借若何，籀、篆、隸、草、行、楷字形若何，能悉舉無誤，而又上通國書，旁及蒙古、唐古特、西域、東南夷、西洋諸字體，若此者，其事極難；下焉者，略辨形聲，粗知今古，自《説文》、《玉篇》、《廣韵》以至國朝《字典》，皆嘗涉獵，於字義不能盡知，亦不至一無所知，於字音不免偶誤，亦不至無一不誤，若此者，不甚易亦不甚難，我輩是矣。先生之言如此。璟侍先生時年少氣盛，頗疑先生自命太卑。今又二十餘年，即《説文》之字尚未盡識，然則如先生所云三等者，猶未能幾及也。昌黎不言宜識字，而言宜略識字，蓋略識字亦不易矣。

　　山東完縣有木蘭祠，大城劉樹君方伯湘年有詩，其序云："木蘭祠，俗名將軍廟，距城東里許，建於元至正間，碑記魏姓木樂，名亳人，父名應，漢文時單于侵境，代父戍十二稔，有殊勳，謚孝烈，與世傳小異。完地其戍所也。"詩云："一片荒蟲語，蒼茫讀舊碑。能兼忠孝

勸，詎礙姓名疑。駿馬長鞭市，黃河黑水詩。將軍不巾
幗，莫認女郎祠。"琼按：《木蘭》本詩云："昨夜見軍
帖，可汗大點兵。"若是漢文帝，時人安得有"可汗"
之稱？又云"萬里赴戎機，關山度若飛"，亳之距完，亦
豈有萬里哉？廟碑所言，不知何據？又徐青藤《四聲猿》
雜劇以木蘭爲姓花，亦未詳所本，殆以意爲之耳。明人朱
國楨《湧幢小品》云：木蘭，魏氏，亳之譙人，代父從軍，凱旋不受
爵，煬帝知之，欲納入宮，遂自盡，贈孝烈將軍。嘉定錢氏大昕《金石
跋尾》有元統二年八月孝烈將軍祠像辨正記，跋云："右記孝烈將軍謂
木蘭也，姓魏氏，亳之譙人，記爲侯有造撰，所述與《湧幢小品》略
同。《小品》又云：土人立廟，歲以四月八日致祭，蓋其生辰云。"

曩在韶州食一種菜，形味與晚菘相近，入冬益甘脆，
土人謂之雪裏烘。按《字典》"四明有菜名雪裏蕻胡貢切，
雪深，諸菜凍死，此菜獨青"，然則只當作蕻字爾。明屠
本畯《野菜牋》作蒩。①

廣州有金花夫人廟，婦女求嗣者祠之，土人呼小兒
曰"花仔"音近崽，男曰"白花"，女曰"紅花"。定遠
方子嚴都轉濬師有詩云："金花祠廟傍江干，繞座蠻絃錯

① 雪裏蕻，江、浙多有之，有鮮食者，多醃作鹹菜，簡稱"雪
菜"，今香港亦常用。

雜彈。多少裙笄向神拜，紅花容易白花難。"①

　　道光庚戌②侍先嚴客信宜，值七月中祭厲壇，吏人沿舊例具祭文，閱之語頗俚中有"三魂渺渺"、"七魄悠悠"等語，欲易之。先嚴曰："吾曩在江西瑞金縣見祭厲壇文，正與此同。當時檢視故牘，則沿用已百數十年，因置不改。今此縣復爾，中必有故，仍之可也。"後十餘年客瓊州，偶閱府志中載此文，乃明永樂中太宗御製頒之天下者。明亡已二百餘年，而此種鄙俚之文，偏僻小邑尚爾承用，亦可異也。府縣志書多不足觀，惟此等事類，不見於他書，獨地志間存其緣始耳。

　　《史記·田叔列傳》後，褚先生記田仁上書言，河南河內太守皆御史大夫杜父兄子弟也，《集解》云："杜，杜周也。"按：此舉其官稱，系以姓而不名，後此吏牘於尊官亦往往如是，特姓下必空一字耳。

　　《墨客揮犀》：文潞公住洛日，年七十八，同時有中散大夫和晦、朝議大夫司馬旦、司封郎中致仕席汝言，

---

①　廣州有多處金花廟，方濬師所詠乃河南（今海珠區）鰲洲的金花廟，香火最盛，大門面向珠江，故曰"傍江干"。方濬師，安徽定遠人，同治年間兩廣鹽運使，故稱"都轉"。

②　道光庚戌爲道光三十年，即 1850 年。

皆七十八，嘗爲同甲會，各賦詩一首，潞公詩曰："四人三百二十歲，當云三百十二歲。公詩或是約舉成數，否則傳寫字倒也。況是同生丙午年。招得梁園爲賦客，合成商嶺采芝仙。詩談亹亹風生席，素髮飄飄雪滿肩。此會從來誠未有，洛中應作畫圖傳。"又《師友談記》[①] 黃任道見荆公有"繆忝辛酉，叨竊仲冬"之語，言同歲也。以上二事與大小戊子、雌雄甲辰，皆同歲故事，惟黃語有"繆忝"、"叨竊"語，或是科舉同年耳。

朱子呈張清叟詩"歲月幸同庚"。

徐青藤《四聲猿》，木蘭從軍劇中有"女孩兒東坦蕭然"語，以"東坦"字代"東牀"，向嘗疑其生造。既見《丁晉公談録》言，晉公爲王沔參政之東坦，乃知北宋人已用此二字矣。

世傳天池[②] 所著《路史》一書中，紀劉歆是劉向之子，若爲異聞者，人多笑之。余意天池不當弇陋至此，且其書初非史體，何以襲羅泌所著書名，疑原本祇是閲書時隨手摘鈔册子，其初欲鈔《路史》，故標二字於卷首，其後別鈔他書，間有箚記，此二字未及削去耳。劉歆一條，亦或是偶有人問，因於册上書以示之，未必天池以爲異聞，特記之也。

---

① 《師友談記》，宋李薦撰。李薦，陽翟人，一説華州人。
② 徐渭字文長，號天池山人、青藤道人等。

後人因其名重取而刊刻傳布，又誤以卷首二字爲書名，遂轉爲天池之累矣。

昌黎爲李欒妻墓銘集題《息國夫人墓誌銘》云："男主外事，治不爲易。施於其家，難甚吏治。又況公侯族大，而貴夫人是專，厥聲維懿。"後世士大夫作吏有聲而治家不肅者，往往有之，蓋吏治有法律可循，而居家不能以恩揜義。觀昌黎此銘，蓋自古然矣。

南海李子黼學博長榮①，有《柳堂懷人詩》數十章，其中《見懷》一首，推許逾分，非鄙人所敢當也。學博詩集甚富，余所見皆道光己酉以前詩，是其少作，然如"江湖群盜急，風雨故人疏"、"天低雲避塔，鄉遠月歸樓"、"蝸同人小寄，鷗占地無多"、"江寬鷗讓水，園小蝶私花"、"雨多遲上冢，春老獨思家"，此類數十聯，亦頗可喜。

詠史詩或就本事運用，或以比喻見意，要須以議論驅駕之，否則《二十一史彈詞》矣。吳星儕孝廉《滇中懷古》云："事去包胥方痛哭，時清英布又縱橫。"馬雲

---

① 李長榮，字子黼，號柳堂，廣東南海人，官教諭，著有《柳堂師友詩録》等。

雛茂才《讀宋史有感》云：“諸君果抵黄龍飲，後世甯^①容白雁來。”語皆精警。

　　雲雛名廷梧，秀水人，爲詩學袁、趙兩家，有簡松草堂之意。予最愛其《弋陽道中弔謝文節》詩云：“文山早死叠山遲，正氣千秋共不移。蕭寺絕糧辭聘日，麻衣隕涕募兵時。十年忍活因慈母，一紙哀詞謝座師。終古采薇同調在，建陽書接首陽詩。”又《讀王粲傳》云：“飄零書劍劇傷春，西望山陽悵隔秦。莫向荆州生客感，景升猶是漢家臣。”雲雛工文嗜學，而秋試輒報罷，乃樸被游嶺南，崎嶇戎馬，閱歷風塵，意恒鬱鬱不自得。其詩如“不堪寒食雨，來釀戰場花。節到貧窮見，交經患難真”，“同是孤兒門户弱，可憐廉吏子孫貧”《送張龍門之楚》，“不堪小雨逢人日，何處題詩寄草堂”，皆有顑頷蒼涼之意。至其《贈歌者》一絕句云：“猶是江湖落拓身，歌場淪落酒場貧。尊前休訴青衫濕，一樣殘杯冷炙人。”則與白香山之“同是天涯淪落人，相逢何必曾相識”，羅江東之“我未成名卿未嫁，可憐都是不如人”，均其感慨矣。

―――――――――

　　①　底本有明顯挖補痕跡，原稿應爲“寧”字，因避道光帝諱改作“甯”字。

同治戊午黃壽臣尚書_{宗漢}督兩廣①，朱嵋君中書與之偕來，作《南征賦》凡數千言，詞甚奇麗，中叙廣州所見有二語云"抱八尺之長槍，遵九衢而雅步"，寫歐羅巴人情態如畫，讀之令人失笑。

元人戴石屛詩"春水渡傍渡，夕陽山外山"，句法清峭。近人東鄉吳季醇价有句云："亂雲堆作石邊石，流水響成琴外琴。"衍作七言，亦自有致。季醇爲蘭雪刺史猶子，有《瘦仙詩鈔》，五言如"野水明於月，孤燈小似星"、"樹初收雨入，雲欲渡湖來"、"詩工多難後，窮累再生身"、"鐘聲千樹暝，水色一湖秋"皆佳句也。又《喜晴》云"雨餘初日出，鵲喜在人先。蜨力扶花健，鶯聲出樹圓"。寫初晴景物如畫。華樵雲兵備廷傑②跋其集云："先生之遺詩，不倚他人門户，亦不倚香蘇山館門户，子孫之面目不能盡同祖父，五嶽之烟雲變態不能盡同崑崙也，亦各視其性情而已。"

同治初，樵雲兵備奉檄以南雄州知州署廣州糧捕通判，時已以軍功擢知府加鹽運使銜，嘗謂當刻一小印曰

“三四五六品官”，蓋通判六品、知州五品、知府四品、
運使三品也。前明嘉靖中夏言爲兵科給事中，以議郊禮
加翰林學士掌科事，又賜四品服，許誥指其事爲對曰
“七品衙門五品官四品服色”，以學士五品，給事七品也。
事見明人小説，不記書名，《堅瓠集》亦載之。古今事相類乃
如此。

　　武康徐雪廬孝廉熊飛，阮文達公門人也。余嘗得其詩
文一帙，皆爲諸生時應試之作，才筆在陳雲伯、王笠舫
之間。欲求其全集，詢之湖人之在嶺南者，竟不知其姓
名。即所得一帙，旋亦失去，僅記其二語云：“古戍人耕
千載墓，壞廬花覆六朝甎。”[1] 蓋《湖州道中》詩也。湖州多古
甎，其款識皆齊、梁間物。

　　安福伍季方國義云，《塞外紀事》載有至長清塞北
者，即見北斗在南。又《北征録》載闊灤海子遙望，水
高如山，但見白浪隱隱自高而下。天下之物莫平於水，
獨此水遙望如山之高，近處乃若極下，此理竟不可解。
因爲人題《出塞圖》，得二語云“長清塞外南見斗，闊
灤海子高如山”，亦奇句也。季方又有《游豐湖》句云：

---

① “古戍人耕千載墓，壞廬花覆六朝甎”，檢徐熊飛《應試詩賦
鈔》題作《前溪道中》，詩句作“古戍人耕千載莖，破牆花覆六朝甎”
（卷二頁五，清嘉慶八年刻本）。

“兩行人字柳，一座水心亭。”

余再游潮州，皆值張壽荃臬使_銑任惠潮道，廨西偏荷塘數畝，花時公嘗置酒見招，“鬧紅一舸”、“重碧百分”，逭署之勝處也。然余性疏簡，無事未嘗輒至，每歲一再見而已。同治辛亥①，公同鄉曾別駕_{昭懋}取余詩稿去，公見之，題二律於卷端，有“淨洗箏琵耳，恍聆牙曠絃”之句，聞絃賞音，意可感矣。公嘗有《早春》詩云：“戰氣銷銅馬，春寒送土牛”句，句法近杜。

同治戊辰，楚南童圭峰觀詧_{秀春}②署肇羅道事。時余方客端州，遂入公幕府，甫一月而公卒于任。公起家翰苑，以軍功擢道員，待闕③十餘稔，僅作一政官，可悲也。公詩文不以示人。數年前在廉州和余《雜感》七律四首已失其稿，惟憶“寄居且作鷦鷯賦，照影猶慚獬豸冠”二語耳。

國朝著書言古韻者，自顧亭林以來不一其人，而言今韻者寥寥。世所通行者，山陰劉氏《詩韻含英》、南昌

---

①　同治無辛亥年，同治二年癸亥，或即指此。

②　同治戊辰，即同治七年（1868）；詧，同“察”。“觀察”爲道臺雅稱，候選道、候補道、即選道等均可如此稱呼。

③　“闕”，此處指官缺，非宮闕之闕。晚清候補官數量龐大，而官缺有定額，有些人候補時間極長。

彭氏《詩韻辨同》二書而已。近武緣①張伯眉大令亨鈐著《韻學辨中備》五卷，於形聲同異辨析不苟。其書雖爲應科舉者便於檢尋而設，而攷訂具有端緒，學者因委泝源，以今證古，則散函誤音、安强重押可以免矣。大令著有《尊所聞齋詩集》，五言如"雨如寒濕病，春在悶愁間。夜檐啼蜥蜴，曉木集鵺鵾②"、"峰奇多戴石，樹倒尚留藤"；七言如"命坐不侯如李廣，謗遭無事似歐陽"、"微怯曉寒遲約腕，强扶春病起梳頭"、"五角六張殊可笑，九儒十丐本同流"，皆佳句也。

余游廉州，始識楚南易孝雲茂才有慶于饒柳夫大令繼惠署中，談藝賦詩，甚相得也。別既數年，復見於廣州，孝雲出近詩數卷見際，五言如"客路春三月，羈愁海一涯"、"蜃氣隨潮上，蠻烟近午消"、"庭花爭笑客，岸柳正搖春"；七言如"十年抱璞猶窮士，千古懸金有廢臺"、"花柳難消羈旅感，烽烟愁遍帝京塵"此類凡數十聯。若《送人航海歸里》云"長風送客子，計日渡零丁。輪轉雙丸白，潮生雨戒青。故鄉猶伏莽，晏歲尚飄萍。莫作思元賦，魚龍側耳聽"，則氣格高渾矣。

書畫同一理，余不工書故，亦不解畫。咸豐戊午避

---

① 廣西縣名，民國元年改稱武鳴縣，今屬南寧市。

② 鵺鵾，即啄木鳥。

亂佛山，與秀子璞郡丞同居旅邸。同治中，游潮州，與
山陰陳也巖別駕慶洪同客鹾司署；游高州，與吳川鄧仁山
上舍肇元同客郡廨。朝夕相見，多者累年，少者亦數月。
子璞工山水、花卉，也巖工畫竹，仁山工樓閣、人物。
當作畫時，余輒傍觀。三君每以畫法相指授，余迄不能
學也。子璞山水源出元四家，也巖畫竹一以梅道人爲法，
當其合作，皆不愧古人，惜多酬應之筆，畫品不免稍損。
今二君已逝，而仁山方盛年，其家世善畫，所藏仇實父、
陳老遲諸名人手迹凡數十種，異日擴其所至，殆未可量
也。也巖爲人敦意氣、尚名節，意所不可，雖貴人亦落
落然，一相得即性命以之。余嘗取坡公墨君堂記語，題
其齋扁曰“墨君別館”。也巖喜，爲作小册十二葉，余題
其册云：“不見丹山鳳鳥來，也須移傍故山栽。如何塵土
風霜裏，著此東南竹箭材。”意以也巖屢試不售，納粟得
官又未赴選，蓋惜之也。後數年，也巖歿于潮州，迄無
所見于世，此詩又若爲之讖云。

　　私印始自秦漢，摹刻之法不傳。宋王氏《歇堂集古
録》始收私印，而楊克一有古印格，王俅之有《復齋印
譜》，姜堯章有《集古印譜》，趙子昂有《印史》，吾邱
子行遂作《三十五舉》，於義法特詳矣桂未谷作《續三十五
舉》，近番禺黃明經子高亦有此書，學海堂刻之，然其意不專爲刻印設
也。明人如文三橋董，其印譜或尚有存者，然余未之見。

國初周櫟園作《印人傳》，當時作手幾無所遺。至雍正以後，吾浙丁鈍丁①、黄小松、陳曼生諸人以通人餘事，傍及篆刻，古法賴以不墜，而效之者，或流於穿鑿，遂有浙派之目，至相訾謷，然不能以末流之失，追咎濫觴也。余朋輩中工此者程心梅茂才燿采、夏紫笙明經鷺翔，二君皆錢塘人，所刻小印，皆近擬丁、黄，上追秦漢，顧同里閈、同庠序，而彼此不相識，其游嶺南又先後不相值，亦一奇也。戴文節公稱心梅所作小印爲丁、黄嫡派。

紫笙《上海襟詩》云："畫船燈火明如月，照見秦淮羽檄來。"蓋杭州陷賊，紫笙避亂吳淞時作。冒哲齋太守澄嘗見荏平道中旅舍題壁詩云："誰知燕燕鶯鶯語，都是哀鴻變調來。"其時河北方歲饑，而荏平多角妓鬻歌也。二詩意格正相似。

心梅喜填詞，筆意與雲臒相似。心梅詞如"今朝中酒，明朝傷別，都是尋常"《眼兒媚》，"倚風坐月渾閒事，一曲闌干各自寒"《鷓鴣天》，"且商量綠蟻村醅，莫艷説紅綾宮餅"《綺羅香》，"消魂不少，第一是、天涯夕陽芳草"《臺城路》，"羅衾同玉簟，夜夜餘香染。留得半牀溫，從郎索夢魂"《菩薩蠻》。雲臒詞如"絲絲弱柳，記十五年來，幾番吹瘦"《齊天樂》，"風過處，吹萬翼涼蟬，遠近

---

①　丁敬，號鈍丁，浙江錢塘人，精篆刻，爲"浙派"開創者。

聲如雨"《買陂塘》，"何處瓊簫，竟把碧雲吹皺"《月華清》，
"只有醉鄉容我輩，醒後乾坤都窄"《百字令》，合而觀之，
可云工力悉敵矣。

曩客潮州時，哲齋語余欲取故友夏紫笙、杜季瑛諸
人遺詩都爲一集，鋟版以傳，余亟從臾之，顧爲吏事所
攖，匆匆無暇也。其中金陵吳九帆明經_湘《篔溪集》詩
頗清老，句如"亂離吾道賤，去就俗人疑。""鶯花非故
國，風露又今秋。"　"帆銜昨宵雨，塔見_{音現}隔城山。"
"避地難尋彭澤柳，感時猶詠杜陵花。""湖水清于韋刺
史，巖花殘似杜秋孃。"語皆可誦。九帆之弟繡谷_{文虎}通
醫術，與余交善，嘗以《篔溪集》示余，爲作後序。

金人趙良謨重修潤國禪院，碑云："修寺基得石，一
旁立二十四孝形像，時大宋年也。"_{以上碑文}世傳二十四孝
圖，老友侯官林香溪學博_{昌彝}嘗攷其事迹所出，爲書一
卷，顧未詳圖始何時。證以此碑，則北宋時已有之矣。

近人海昌陳氏《庸閒軒筆記》載，左爵帥_{宗棠}批牘，
有"古人棄婦，葑韭之喻語"_{陳氏撰記時左公未入相，故曰}
_{"爵帥"}。閱者不解。陳謂二語出裴松之《三國志註》諸葛
武侯與張藩書也。余記裴註無此二語，惟杭氏_{世駿}《三國
志補註》引諸葛亮教張君嗣曰："去婦不顧門，葑韭不入
園。"以婦人之性，草萊之情，猶有所耻，想忠壯者意何

所之，而不註出自何書。後見張溥《漢魏百三家集》中諸葛忠武集有此文，始知杭氏補註即據張氏所録，亦未詳所出也。一日，偶爲萍鄉文雲閣孝廉廷式言之，雲閣曰：此文見《太平御覽》九百七十六，首句作"去婦不過門"非"棄婦不顧門"也。檢視果然。陳氏所言，殆一時未檢本書，其以張裔爲張藩，則轉寫偶誤爾。

雲閣之曾大父定斯先生著有《融谷詩草》，中五言最工，如"望遠雲歸岫，懷人月到門"、"去鳥盤空盡，歸雲落澗多"、"鳥銜雲入樹，人看佛拈花"、"風聲催落葉，山氣冷秋衣"、"寒鴉低繞樹，疲馬瘦穿城"，皆近中唐。

雲閣之大父叔來太守晟以大挑知縣官粵東，歷宰劇邑，有政聲。咸豐三年，特旨擢惠州府知府。八年，嘉應州莠民王亞四等倡亂，大吏以公嘗兩牧是州，士民悦服。檄公仍署州事，專意辦賊。公至，賊平，而福建賊石郭宗擁衆數萬，猝來攻城，公堅守十餘日，賊衆兵寡，城破，遂遇害。事聞，賜恤如例。公子樹臣孝廉星瑞從軍殺賊復讎，後以軍功累擢至道員，可云一門忠孝矣。樹臣有《歗劍山房詩鈔》，七古才氣颷發，爲時所稱。然余尤愛其五言，如"天寒萬象蕭，屋老一鐙深"、"作客渾如燕，忘機可狎鷗"、"人家如在野，城堞半依山"、"高峰扶日上，疊浪捲風迴"。凡數十聯，皆名雋可誦。以繼融谷之後，不啻老杜之于審言也。

《考工記·嘉量銘》："時文思索。"又《荀子·禮論》："禮之中焉能思索，謂之慮。"[1] 今世俗尚有"思索"之語，其由來已久矣。

店肆售雜物者，古謂之星貨鋪，亦曰星火鋪見《資暇錄》。又曰冷鋪見明人説部。

吾鄉胡稚威徵君天游有風字硯銘，序曰："予藏風字研最佳且久，間效孔文舉離合之體，銘之曰：不以抵烏別凡璞，試用其中一拳足。枼几空，聊註《爾雅》蟲。"

楚南王壯武公鑫[2]之殉也，其父尚在，書聯哭之曰："不死於賊，必死於小人，今而後吾知免矣；雖竟其才，未竟其大志，已焉哉天實爲之。"此聞之雲閣者。雲閣言，公負重名，頗爲忌者所齮齕，故其父之言如此。

同治中，泰安州人於岱麓建一樓，頗極登眺之美。

---

① 《禮記》原文爲"禮之中焉能思索，謂之能慮"。

② 王鑫（1825—1857），湖南湘鄉人，早期湘軍驍將，羅澤南弟子之一。野史筆記多暗指所言"小人"即曾國藩。"鑫"原爲"鑫"，誤。

· 46 ·

衡陽彭雪琴尚書玉麐[①]集句爲楹帖云："我本楚狂人，五嶽尋山不辭遠；地猶鄒氏邑，萬方多難此登臨。"揚州何青耜都轉兆瀛[②]嘗舉以告余，且曰平生所見集句楹聯，從無如是之渾成貼切者。

孟黍谷丈春，吾鄉人，以諸生游嶺南，佐人書記，負才不遇，坎壈以終，殁後詩文悉皆散佚。余少時頗承獎許，意欲搜其遺稿輯而存之，迄今二十餘年，竟不可得。惟記其爲余舅氏盧曉巖先生題《添香夜讀圖》云："五千文字舊家風，把卷常教七椀空。難得玉人先會意，宣鑪燒就海棠紅。""饋貧糧好可忘餐，睡鴨微温炷麝蘭。今夕同心勞佐讀，他年半臂肯[③]辭寒。""蛾眉畢竟尚知音，宛轉書叢向夜深。我若繪圖生面别，柳陰濃處煅黄金。"三詩非用意之作，姑録之以見吉光片羽云耳。

《春明夢餘録》石刻類有天順二年《西天大辣麻藥渴巴辣行實碑》，辣麻即剌麻也。"辣"字不見於字書，疑"辢"字之譌。

---

① 玉麐，即彭玉麟（1817—1890），湖南衡陽人，湘軍水師創始人之一。"五嶽尋山"，彭紹輝等點校本《彭玉麟集》作"五嶽尋仙"。

② 何兆瀛（1809—1890），字通甫，號青耜，江蘇江寧人，道光二十六（1846）年舉人，官至廣東鹽運使。

③ 原爲"肎"，"肯"之異體。

　　水母名蝦助。元人薩天錫薩都拉原作薩都剌有詩，其第二聯云"海氣凍成紅玉脆，[1] 天風寒結紫雲腥"，頗工麗。此詩本集不收，見明郎瑛《七脩類稿》詩文類。

　　唐曹唐詩"坐對玉山空甸綖，細聽金石怕低迷"，[2] 今廣州土語尚有曰"甸綖"者，猶云妥帖也。[3] 兩粵語多相類，曹或用方言耶？曹嶺南桂州人。然今方言與詩意亦不合，究不可解。吾鄉商寶意太守盤詩集中屢用此二字。

　　皮日休《新秋言懷》詩"檜身渾箇矮，石面得能䫌"，"渾"、"箇"、"得"、"能"皆方言也，今吳語尚然《堅瓠集》載俳體詩有"母舅朝朝發酒風，今朝發得忒能兇"之句，忒能即得能，皆吳人語。

　　嘉慶中吾鄉贈巡撫傅公重庵鼐剿定苗疆，與前明沈希儀治猺相似，其事本末見於楚南魏源所撰《聖武記》。洎《鳳凰廳志》傅公傳者亦頗詳盡。公官湖南臬使時，先大父明之公客公幕中，苗疆善後諸務，傅公皆與參懷，如開通天生砦、許苗人同考試諸事，其議皆先大父發之。

---

　　① 原爲"脃"，"脆"之異體。
　　② "坐對玉山空甸綖，細聽金石怕低迷"，或作"坐對玉山難甸綖，細聽金石怕低迷"，見《曹祠部集》附錄頁一（四庫全書本）。
　　③ 今天流行的廣州話似乎並無"甸綖"説法。

瓊幼時嘗聞傅公一軼事云，苗疆初定，公所練親兵三百
人仍養以私財，時於射圃中肄習超距、陣法之屬。藩使
某與公善，一日謂公曰：聞公常練兵，冀一寓目可乎？
公曰：諾。閱數日，折簡招藩使至，設筵射堂，堂南面
射圃，藩使西向，公東向坐，僕從數人供酒饌。圃東西
約十餘丈，南北約四十餘丈，繚以垣，圃中虛無人。酒
半，藩使問所練兵何在？公顧侍僕曰：“召旗鼓二人來。”
來則半跪啓曰：“兵已集矣。”公曰：“且演小陣。”二人
起至階下，袖中出紙爆一然之，鼓聲起，親兵三百人者
皆從堂後左右雁行出，執刀者半，藤牌者半，旗左右揮，
刀牌遂合戰。戰酣，爆聲發，牌者遽結隊趨堂後去，刀
者亦躡之去。少選，爆又發，忽大聲起於堂後，牌者從
堂後大呼而出，趨而南；刀者皆易鳥槍，大呼而從之，
亦趨而南，鼓聲急，槍連發不止，聲振地，屋瓦皆動。
圃中煙塵迷漫，對面不見人，藩使色動。鼓忽止，槍聲
絕，煙盡散，堂以外乃無一人，旗鼓者歷階上，半跪啓
曰：“操畢矣。”藩使色定，笑曰：“吾幾忘之。”呼從者
昇錢三百千置階下，曰：“姑以犒士。”於是旗鼓者復趨
階下，大呼曰：“謝賞。”則三百人者皆從牆外躍而入，
至堂下左右立。旗鼓者呼如前，三百人皆半跪曰：“謝大
人賞。”旗鼓者又呼曰：“免。”三百人皆嗷而應，復躍
從牆外去。藩使愕然者久之，曰：“吾乃今知公兵法矣。”
公笑曰：“此姑以娛公爾，不足以戰。苗疆山澗險狹，有
僅容一人一騎者，能以數百人結隊而前耶？巖壁峭立或

數丈或數十丈，士卒猨引而猱升，豈如丈餘之墻可躍而過耶？此姑以娛公爾。"藩使曰："用兵之難如此，吾何由知之哉？"乃復命酒，至夕而罷。

《堅瓠集》記張士誠時十七字謠云："丞相作事業，專用黃菜葉。一夜西風來，乾癟！"朱國楨《明大事記》所載，菜作蔡，乾癟作乾別，又註一云："黃蔡葉，作齒頰，一夜西風來，乾厭。""乾癟"是吳語，至今尚然，"乾別"即"乾癟"之轉。惟"乾厭"未之聞，其意當亦不相遠。尤西堂《明史樂府註》又作"乾鼈"。

近年兵事大定，捐例亦停，而從前以納粟及軍功得官者亦已不少，各行省待闕之員，自監司至簿尉，動以千計，補署終不易易也。聞同治中江西有大吏以爲其中不無白丁、赤籍之流，未嘗讀書，詎可入仕？欲試以論策，定其去留，一日先集百餘人試之，題爲《管仲論》。有一人文最奇。文曰："仲者，孔子稱其仁，譏其器小，有定論矣。後人復論之者妄，使人論之者尤妄。吾不敢以吾之妄成人之妄，故以不論論之，作《管仲論》。"大吏見之，怒，然亦無如之何也。又有一文云："管仲去濕解毒，方今多雨，人苦濕疾，宜榜示民間，多購此藥，置水缸中，以禦濕毒。"見者傳以爲笑，疑亦其人故作狡獪耳。近年部議有考試甄別之法，然各行省亦未嘗實力舉行。陶卿田[①]云：捐例果能永停，三十年之後仕路自可疏通，似不必斤斤於一考也。是亦一説。

道光中，南海人某甲捐輸銀一萬兩，蒙恩賜舉人，一體會試，張筵受賀，門懸燈籠大書曰"欽賜舉人"。時番禺劉三山孝廉華東以訐盧某入祀鄉賢事，奉旨斥革，[②]適與甲對門居，亦懸燈籠大書曰"欽革舉人"，望衡對宇，見者無不匿笑。甲啖以百金，劉乃去之。余記明王鳳洲筆記云：景泰中，北京鄉試，陳循、王文以考官抑其子，訴於上，特各許其子會試，時謂之"欽賜舉人"。又云，癸卯年北京冒籍者翟鍾玉、丁予載等，俱發原籍肄業，時謂之"欽降秀才"。然則甲、劉所爲，皆有所本也，書之以發一笑。

前十餘年，廣州富人子舉於鄉，有素與不叶者，謂其以賄得也，號於眾曰："某買舉人。"會戚串遣僕婦往賀，其母婦村媼也，道聞人言，以爲信然，見其母致主婦之命，曰："聞公子買得舉人，爲夫人賀。"其母聞之大怒，繼知其駴也，乃好語之曰："吾子中舉人，非買舉

---

①　陶文鼎，字卿田，本貫會稽，占籍番禺，與汪瑔交最深。

②　劉華東，廣東番禺人，嘉慶六年（1801）舉人。十三行行商盧文錦用金錢買通各方，欲其故父盧觀恒入祀廣州府學鄉賢祠，劉華東糾衆阻之，被革去舉人。

人。"婦又笑曰："夫人何言之謙邪？以夫人家之富，雖買十舉人亦易易耳。夫人何言之謙邪？"其母無如之何，亟遣之去。此事尤可笑也。

余嘗作《法論》，謂法簡則行，繁則不行，愈繁則愈不行。近見前明倪文貞公元璐奏疏有云：帝王之制貴於術簡而法信，當民愁窮苦之時，術愈貴簡，然而行法不信，則簡適所以導慢，所言與鄙意正合，而謂法不信則導慢，於義理更周匝無罅，殆是從"居敬行簡"悟出也。

番禺有舊家子，以貧故變姓名爲某大令司籤押，人傳其《殘柳》詩云："休言紫陌尋春日，也似青衣失路人。"語甚淒婉。余于卅年前在友人座上嘗見其人，故錄其詩，不書姓名者，哀其志也。

乾隆、嘉慶間，揚州方笠塘孝廉本工文好客，阮文達公丁艱歸里，一時有名之士，如孫淵如、洪稺存諸公皆薄游揚州，詩酒之會多主。方氏嘗同登梁昭明文選樓拜昭明太子，戲賦小詞，有云"笠塘雖好，爭好天天都打攪《揅經堂集》載此詞，無'都打'二字，明日初三，打點飢腸喫劍潭謂汪太守端光，時亦在揚州，昭明太子保佑我們休餓死，太子開言你與家君大有緣。"此事可入笑林。琼幼時嘗聞業師程香泉先生鉥言之，後見《揅經室集》。羅兩峰畫跋亦及此事。諸老風流可想見也。詞是《減字木蘭花》。

宜興吳仲倫德旋《初月樓續聞見録》：馬江香，名荃，常熟人馬扶曦之女，善畫，時武進惲冰畫以没骨名，而江香以句①染名，江南人謂之“雙絶”。冰字清于，南田先生族曾孫女也，適同邑毛鴻調，作小樓，夫婦吟詩作畫以老。琼記他書多言清于爲南田女，與此所記不同。

俗傳優伶所祀神，或曰唐明皇，或曰後唐莊宗，或曰二郎神，問之若輩，則曰此吾祖師，究不知爲何神。湯若士《玉茗堂集》有《戲神清源師廟記》云：“清源師，演古先神聖八能千唱之節，而爲此道。初止爨弄參鶻，稍爲末泥三姑旦等雜劇傳奇，長者折至半百，短者折才四耳。”又云：“予聞清源，西川灌口神也，爲人美好，以游戲而得道，流此教於人間。”據若士所言，似清源即二郎神也。

《清源廟記》又云：“此道有南北，南則崑山，之次爲海鹽，吳浙音也，其體局静好，以拍爲之節；江以西弋陽，其節鼓，其調誼。至嘉靖而弋陽之調絶，變爲樂平，爲徽、青陽云云。”其所謂崑山、海鹽者，疑即今之崑腔；所謂弋陽者，疑即今之高腔；所謂樂平、青陽者，疑即今之亂彈也。崑山調相傳始於崑山人魏道輔，即撰《浣紗記》傳奇者，弇州《四部稿》嘗言之。

---

① 句，同“勾”。

　　唐德宗幸章敬寺詩"松院淨苔色，竹房深磬聲"，余嘗舉似季瑛："此唐詩也，子以爲出於誰手？"曰："當是劉眘微、劉長卿一流。"余以實告，季瑛憮然。時陳朗山在座，笑曰："此二語句律聲情，實與二人爲近。季瑛聆音識曲，未爲甚失也。"光緒戊寅夏日過光孝寺，忽憶此事。季瑛殁已二十餘年矣，爲之縶歎。

　　世繪北方元帝像，① 不冠不履，初以爲道家所傳，不足深考。近見虞道園集有《元帝畫像贊》自序云：吳興趙子昂寫其夢中所見。曰："迺夢天人被髮跣足，元衣、寶劍，坐臨崖谷。"又云："凡吾真儀子善記錄，審而傳之下土瞻矚。"以此言之，此像蓋始於松雪也。②

　　友人王少香嘗論國朝七古詩，最不以隨園爲然，一日復及之，余舉《費宮人刺虎歌》，少香曰："篇中一刀兩刀虎猶縱，三刀四刀虎不動，是何等語？"余曰："太白《東海有勇婦》詩'十步兩躩躍，三呼一交兵'正隨園詩所本也。"少香曰："此姑以李詩藉口，下文'城可傾，山可平，總是區區一點誠'，區區七字尚可謂之不穉不俗耶？"余笑曰："如此，則勿學之可也，痛詆胡爲

---

　　① 元帝即玄帝，即俗稱的玄武大帝，清代因避康熙帝諱，下文"元衣"應爲"玄衣"，即黑衣。
　　② 趙孟頫（1254—1322），字子昂，號松雪道人。

者?"少香亦一笑而罷。少香於道光末返杭州，旋以髮賊之亂，音問複絕，今不知尚存否？偶讀隨園詩，追憶曩語輒漫書之。

　　無錫秦瑤田茂材實璜嗜學能文，光緒辛巳①與余同客廣督張公樹聲幕中，頗相善，旋以病歸，未久遽卒。瑤田於古文致力頗深，才性亦不劣，充其所至，足以有成。余嘗以廣州新刻三宋人集贈之柳開、穆修、尹洙，瑤田大喜，其嗜好可想已。顧平居鬱鬱，若有幽憂之疾者，歿時年甫逾壯，可惜也。所作文百數十篇，不知有收拾之者否？

　　虞道園《廣鑄禪師塔銘》云："荊門當陽玉泉景德禪寺，智者禪師道場也。智者，荊州人，自天臺還止此山。相傳有神，自稱漢前將軍關某，沒而藏神於此，願佐師。遂建伽藍焉。"以上塔銘原文。演義中關帝顯聖玉泉之説，殆出於此。

　　爲古人作年譜，宋人最多。余交游中，李恢垣吏部

―――――――

　　①　光緒七年，即 1881 年。

光廷①撰《元遺山年譜》，沈伯眉撰《倪雲林年譜》，皆有功古人者。前此撰遺山年譜凡三家，大興翁氏方綱、烏程施氏國祁、歙凌氏廷堪也。施、凌二譜，吏部未之見，然吏部爲此書欲爲遺山詩編年耳，其用意固與三家不同。

王象之《輿地紀勝》云，龍興院去高要三十里，有六環錫杖，相傳六祖禪師錫杖，又開山得石碑云："有客問浮世，無言指落花。"王氏所紀如此。同治戊辰，余客肇慶，問龍興院，無知之者，殆已廢矣，而碑中十字語，殊有味。郡城西北二里許有梅庵，庵僧喜蒔花木，嘗乞余書楹帖，遂書此十字與之。

大海中看月大是奇景，非奇語不足以發之。胡稚威徵君《送吳東璧》詩云："海月苦無際，浩洗秋骨竦。浪閃孤光翻，碧落疑倒湧。九州迷濛外，萬里瀉寒汞。汗漫不可收，忽怳成悸恐。"可謂奇矣。然徵君生平未嘗涉海，意想神會，刻畫乃爾精到，故知才人胸中自具一宇宙也。

古人書畫所用小印，朱色歷久不渝，固由研朱製油，

---

① 李光廷（1812—1880），字恢垣，廣東番禺人，咸豐二年（1852）進士，簽分吏部主事，歸鄉主講禺山、端溪書院，曾爲學海堂學長，著述甚富，有《漢西域圖考》七卷、《廣元遺山年譜》二卷等。

皆有法度，即其收貯之法，亦必非草草。余所用印泥，閱歲稍久，質枯色暗，因博訪友朋中，得收藏印色及修製舊印泥歌訣，試之頗驗，輒錄於此。訣曰：磁器盛將忌錫銅印色盒以舊磁爲上，新磁亦可，晶玉次之；玻璃燒料爲下。若銅錫等器，斷不可近，久則印色變黑矣，留寬四面放當中置印色於盒中，四旁皆留空三分許，勿令粘著，則油不上泛，硃不下沈，水霑日曬皆無益印色著水則結塊，最所深忌，或見印色油硃凝滯輒向日中曝之，未嘗不取快一時，少選器冷，油凝質愈硬，色愈暗，且多曝則油易乾，尤非計也，每日還須攪一通。以象牙籤日日翻動，則硃活油明，久久不壞。又修治舊印色訣曰：日日久塵，薦色不紅，非加研乳不爲功凡舊印色，須加油硃者，先將油硃就乳鉢中調和，再將印色放入同研。油硃自有交融法油硃二物須同時並加，若加油而不加硃，或加硃而不加油，則新舊不相入。欲解膠黏用艾茸若加油過多致印色膠粘者，則入艾茸少許於乳鉢中同研。

管城子，筆也。而陶宏景①《真靈位業圖》有管城子，註云：尹虔于師，蓋散仙未受職者。是管城子有二說也。

----

① 本爲陶弘景，"宏"字明顯挖補，避乾隆帝諱。

卷　三

　　廣州人呼釧爲鉅音扼。《南唐近事》記李徵古事云，潘長史妻言於夫曰：此客非常人，以金鉅腕贈之。金鉅腕，當即釧也。或輾轉語訛，遂呼釧爲鉅耶？①

　　《南唐近事》記蕭儼案覆廬陵民失衾服衣物事云，所失衣物爲牛所噉②，或以牛噉衣物爲疑。余謂《史記》"牛腹帛書"亦是使牛噉之，可以噉帛，即可以噉衣矣。獄情萬變，未可以一己之見決其有無也。

　　益陽湯海秋侍御鵬劢於京師，邵陽魏默深源輓聯云：

---

　　①　廣州話至今如此，手鐲稱"手鉅"。《説文解字》有"鐲"字，無"鉅"、"釧"字，證明兩者皆後起，汪瑔猜測鉅爲釧的音轉，不合理。"金鉅腕"原爲"金扼腕"。
　　②　噉，同"啖"。

“於君父多未竟之心，其文章餘不世之氣；視天下無難爲之事，痛人間失有用之才。”桂林朱伯韓給諫琦輓聯云：“洞庭八百里，衡嶽五百峰，虎躓龍顛，屈指天下奇才，可爲流涕；浮邱九十篇海秋著書曰《浮邱子》，平尸①三十策，濤驅雲卷，試問名山事業，幸有成書。”曾文正公輓聯云：“著書成二十萬言，才未盡也；得謗遍九州四海，名亦隨之。”侍御所作《浮邱子》，余嘗從張南皆郡丞處假得讀之，其刻畫世情、雕鐫俗態，幾於無所不用其極，惜文格皆蟬聯而下，又數十篇疊用排句，都無變換耳。

錢塘陳子屋太守之女靜漪鉦有《烏江》詩云：“百戰英雄盡，頭顱贈故人。”又《秋燕》詩：“辛苦營巢穩，如何又北飛。爲君看故壘，留待隔年歸。”

廈門蔡毅若太守錫勇，嘗隨陳荔秋副憲蘭彬②出使米利堅國，居米都三年，得華盛頓立國之初與各部所立合邦盟約，譯以漢文。余嘗取觀之，其立國規模約略已具，因錄於此，爲志島夷者資考訂焉。

---

① 尸，此處同“夷”字。

② 蔡錫勇，福建龍溪人，早年入廣州同文館、北京同文館習英文，1878 年隨陳蘭彬出使美國，任翻譯。陳蘭彬，字荔秋，廣東吳川人，中國第一位駐美公使，回國後任左副都御史（“副憲”）。

美國合邦盟約<small>厦門蔡錫勇譯①</small>

　　我合衆國人民意欲聯合衆邦，以益鞏固、昭公義、保安居、敦守衛，興利除弊，爰及後裔，永享自由之福，特立盟約曰《美國合邦盟約》。

　　第一章　論立法司<small>按：② 合衆國政治分三門：一曰行法司，總統③是也；一曰立法司，國會是也；一曰定法司，律政院是也。</small>

第一節

　　第一款　衆邦既合之後，所有立法之權應歸合衆國國會④，曰上議院、曰下議院。

第二節　論下議院紳士

　　第一款　下議院紳士由各邦庶民選舉，每二年一換。舉之之法，悉照各邦選舉邦會各紳士之例。

---

　　① 署"厦門蔡錫勇譯"，《時務報》同，陳蘭彬鈔本（駐美公使陳蘭彬曾以鈔本呈總理衙門，見王杰、賓睦新整理《陳蘭彬集》，簡稱"陳鈔本"）、張蔭桓《三洲日記》本（簡稱"張鈔本"）均無署名。張鈔本、陳鈔本在標題後面均有按語"一譯作律綱"五字，汪刊本、時務報刊本均無。

　　② 正文後小字按語，據 1882 年美國期刊 *The Nation* 第 34 卷所述，應爲蔡錫勇所下，美國憲法正文並無這些按語。不加"按"字的小字，整理者判斷仍是蔡錫勇所加說明，方便中文讀者理解。

　　③ "總統"，陳鈔本作"國會"，誤。

　　④ "合衆國國會"，張鈔本作"合衆國會"。

按：各邦各有邦會，亦合上、下兩院，① 其紳士由民間投籌公舉，舉法各殊，有男女皆准投籌者，有不准婦人投籌者，有二十一歲後皆准投籌者，有須讀書識字始准投籌者。②

第二款　各邦所舉下議院紳士必須籍隸本邦，年在二十五歲以上，入籍美國已逾七年，方准充當。

第三款　每邦所派下議院紳士人數及科派丁稅之數，俱按照各邦戶口丁數比例而定，統計良民人數③及他邦來此限年傭工之人加奴役人等五分之三，共得若干人，照數均派，胭甸④土人不納稅者不入算。自國會初開後，三年之內務將民數查清，此後每十年間照例重修戶口冊一次，按民數每三萬人選派下議院紳士一名，小邦不及三萬人者准其選派紳士一名。未造戶口冊以前，紐咸時邦⑤准派下議院紳士三名、麻沙朱色士邦八名、洛哀倫邦一名、干泥底吉邦五名、紐約邦⑥六名、紐折爾西邦四名、賓夕尼勒尼阿邦八名、地拉華邦一名、馬力闌邦⑦六名、勿爾吉尼阿邦十名、北哥羅尼那邦五名、南哥羅尼

---

① 張鈔本作“各邦會亦分上、下兩院”，陳鈔本作“各邦各有邦會，亦分上、下兩院”，時務報刊本與《旅譚》本相同。

② 小字非憲法正文，整理者判斷爲蔡錫勇所加說明。

③ 陳鈔本脫“口丁數比例而定，統計良民人數”。

④ “胭甸”，張鈔本作“煙甸”，印第安的譯法當時並未固定。

⑤ “紐咸時邦”，張鈔本作“紐罕什爾邦”。

⑥ “紐約邦”，張鈔本作“鳥約邦”。

⑦ “馬力闌邦”，張鈔本作“馬理蘭邦”。

那邦五名、若耳治邦三名。按：合衆國既立盟約，美洲各邦歸附者漸多，原訂按民數每三萬人舉紳士一名，覺紳士人數過多，礙難照行，嗣後民數限額屢有更張，近年則以十三萬五百三十三人准派紳士一名，共得下議院紳士二百九十二名。

第四款　各邦所派下議院紳士有因事出缺者，由該邦總督出示曉諭，民間舉員充補。

第五款　下議院院長由該院①選派，司事屬員亦由該院①選派。糾參官吏，惟下議院獨有其權。下議院糾參，上議院審訊。

第三節　論上議院紳耆

第一款　上議院紳耆每邦准派二名，由各邦會紳士選舉，在任以六年爲期。凡判事可否，各人得自抒己見。

第二款　國會初次聚會，即將各邦所舉上議院紳耆約分爲三排，第一排紳耆以第二年爲滿任，第二排紳耆以第四年爲滿任，第三排紳耆以第六年爲滿任，此後每二年選舉一次，得新任人員三分之一。舊多新少，以資熟手。如上議院紳耆告退或因事出缺適值邦會停議之時，未能即行選員充補者，由該邦總督派員權理，俟下屆該邦邦會聚議時，再行遴員充補。

第三款　凡充上議院紳耆者必籍隸本邦，年在

---

① “該院”，時務報刊本作“該員”，似排印之誤。

三十歲以上，入籍美國已逾九年，方准充當。

第四款　上議院以副總統爲院長，議事不道可否。若所議之事衆紳耆從違各半，則以院長之允否爲行止。

第五款　上議院司事屬員，由衆紳耆選派，遇副總統他往或攝行正總統事，衆紳耆可自擇本院一人暫充院長。

第六款　凡糾參官吏①，悉由上議院審問，遇此等事，衆紳耆必重行具誓，然後開審。如總統被參提審，則以律政院正堂爲院長，定案時必須在院人員三分之二意見相同方成信讞。

第七款　官吏被參，事迹屬實，上議院只能革其官職永不敘用，不准再當合衆國各項差事。至革職之後應如何審辦定罪，由有司遵例辦理。

第四節　論國會

第一款　選舉國會紳士應於何時何處如何舉法，悉由各邦會紳士自定。國會亦可隨時立法，以易其章程，惟舉上議院紳耆之處則不得更易。按：選舉上議院紳耆，恒在各邦之議例院。

第二款　國會每年至少須聚會一次，以洋十二

---

① “官吏”，陳鈔本誤作“官文”。

月内第一個禮拜一①爲期，或立例另易日期亦可。

第五節　論國會應行事宜

第一款　國會紳耆得邀公舉之據是否合例，由各該院紳耆公同核驗，每院人數過半即可議事。如人數不及半，可以連日停議，或設法勒令曠職之員即行到院。按：在②院有十五員，即可拘傳不到之員。

第二款　上、下議院各自定其辦事章程，懲辦不循規矩之員，如三分二之意見相同，可將本院某員罷黜。

第三款　每院須設一日報，將所議公事詳載刊報，其機密事件不便刊布者，由院紳酌定。每議成一事，如在院人員五分之一請將曰可曰否者之名載於日報，應即載明。按：每議一事，各員先行辯論，至事理了亮之後，院長請定行否，願行者同聲曰"可"，不願行者同聲曰"否"，察聲音之大小以定事之行否，間或曰可曰否聲音相埒，未能立決，即須按名查問孰曰可孰曰否，逐一載於日報；又或曰可曰否聲音大小迥別已無疑義，而在院人員若有五分一人數願得曰可曰否者之名，俾舉國共知某人主何説，則應將曰可曰否者之名載於日報。

第四款　當國會開議之期，除兩院公允停議外，每院暫停不得逾三日，至停議必在上、下議院立定

---

①　"洋十二月"，時務報刊本作"西十二月"；"第一個禮拜"，陳鈔本、張鈔本均作"第一次禮拜"，下同。

②　"在"，陳鈔本作"此"。

之處，不得前往別處聚會。

第六節　論國會紳耆應享利益與其所不得爲者

第一款　國會紳耆應得薪俸，照定例酌給若干，由合衆國戶部開支。該紳耆自赴院會議至議畢回家之時，除反叛、大惡、傷風敗俗、死罪外，不得因案拘拿。其在議院內所辯論之公事不得於別處究詰。

第二款　國會紳耆任內，於合衆國新設文職各缺，其薪俸較優於紳耆本任者，不准充當合衆國現任職官，亦不得兼充國會紳士。

第七節　論立例事宜

第一款　凡議征收稅課之例，應由下議院先議，議成之後，上議院或從或改，悉照尋常例稿辦理。

第二款　凡例稿經上、下議院議成之後，必呈總統核准，方謂之例。總統允准，即在例稿上畫押；若不允准，應將不准之故批明，發回創議斯例之院。或始議於上議院，或始議於下議院①。該院即將總統駁詞詳載官報上，重行置議，如衆紳耆願行者有三分之二，即將總統駁詞轉送至又一院重議，此院紳士若再有三分之二畫諾，該例即爲定例。無須總統批准。凡重議之例，衆紳耆孰曰可、孰曰否，必將姓名詳載於官報，總統於國會呈例稿後，除禮拜日不計外，十日內若不將例稿發回，該例稿即作爲定例，與已經批

---

① 小字非憲法原文，整理者判斷仍是蔡錫勇所下按語。下同。

准者無異。如因國會停議，無從發回者，不在此論。

　　第三款　凡號令、條議、畫諾之件，須由兩院核准者，除議停歇日期不計外，_{國會停歇日期由兩院紳耆公同商定，無須總統批准。}俱應照呈總統，聽候核定，方得舉行。如總統批駁，須由兩院重議，仍須每院願從人數有三分之二方爲定例，辦理悉與尋常例稿無異。

第八節　論國會之權

　　第一款　國會有權征收地丁税課、出入口税①、製造税，以清還國債、維持國是、昌裕國度，惟所征出入口税及製造税，須舉國一律。

　　第二款　國會有權爲合衆國揭借債款。

　　第三款　國會有權酌立通商章程與外國貿易，或各邦互市，或與胭甸土人買賣。

　　第四款　國會有權定立外國人入籍章程，及虧空債項條規②，俱宜舉國一律無異。_{按：外國人來美，至少須寄居五年方准入籍。}

　　第五款　國會有權飭鑄③錢幣，定其輕重價值，酌定外國泉布相當價值，設立權衡丈尺。

　　第六款　國會有權立例以懲辦假冒鈔票、錢幣

---

①　"出入口税"，時務報刊本作"出人口税"，誤。

②　"條規"，陳鈔本作"規條"。

③　"鑄"，張鈔本誤爲"將"。

等弊。

第七款　國會有權設立郵務局與驛站。

第八款　國會有權以鼓勵格致技藝有用之學。凡著書之人及始創新式器用之人，俱給予年限，使專其利，毋許他人翻刻仿造。按：現例著作書籍，准予二十八年限期，限內不准他人翻刻；始創新式器用者，給予十四年限期，不准他人仿造。

第九款　國會有權設立審司衙門巡按署及合眾國按察使署①，歸律政院統屬。

第十款　國會有權立法懲辦海洋盜犯及干犯公法之案。

第十一款　國會有權宣諭交戰，發給出疆強償執照，定水陸地方捕拏敵人物業之章程。惠頓氏萬國公法云：用力自行伸冤謂之強償，如本國之民遭別國強暴冤屈②，即可發給強償執照與受屈者，俾其自行捕拏抵償。

第十二款　國會有權募養兵士，惟籌餉不得逾兩年③之需。

第十三款　國會有權設立水師。

第十四款　國會有權定立水陸二師軍法。

第十五款　國會有權調集民兵，以申④國法、平

① 時務報刊本同作"按察使署"，陳鈔本、張鈔本作"按察司署"。
② "冤屈"，陳鈔本作"冤抑"。
③ 陳鈔本、張鈔本"兩年"均誤作"兩萬"。
④ "申"，陳鈔本作"伸"。

内亂、禦外侮。

第十六款　國會有權令各邦團練民兵，給予軍裝妥行訓練，如經合衆國調用，則歸國會節制。至於派官統領，按照國會所定紀律，如何訓練，悉由各邦自行辦理。按：訓練民兵由各邦自行派官者，緣民兵本爲各邦自衛而設，合衆國偶有調用，非常事也。訓練必遵國會所定紀律者，冀步伐止齊，舉國一致也。

第十七款　國會有權立法管轄京畿地方。其地四方不過十洋里，由某邦讓出，經國會核收即爲合衆國京都①。至合衆國向某邦購買地段，既經該邦邦會允肯，其地用以建造礮臺、軍裝局、軍火局及一切公所地方，雖在各邦界內，仍歸國會統轄管理。按：盟約定後次年，馬力闌邦讓出波淘麥河東地一段，又明年，勿爾吉尼阿邦又讓出河西地一段，均經國會核收，截地方十洋里名曰“古林比阿郡”，至一千八百年始建都於此，都城曰“華盛頓”。

第十八款　上文所載國會應有之權，及合衆國各部院官員遵盟約應有之權，由國會詳審立例，使其權必行。

第九節　論合衆國之權有限制

第一款　招徠各外國人多寡，悉聽各邦自行酌量。國會於一千八百零八年以前不得立法禁止。其招徠之人，擬征收人稅，每名不得逾十元。按：立國

---

① “京都”，陳鈔本、張鈔本均作“都城”。

之初，地廣人稀，須工墾植，故暫准招工販奴，擬征人稅，所以
示禁阻之意也。

第二款　提審票所以恤無辜，被押之人不得無
故停發，遇內亂外侵，事勢危急，有關大局之際，
自可停發。按：提審票由被押者之親屬請領，由審司發給，定
日審提以免久押受累。

第三款　越權定罪之例、追罪往事之例，俱不
准行。按：越權定罪者，謂不循例審辦，且無確實證據，遽定人
罪；追罪往事者，謂犯法後始立苛例以重懲之。

第四款　征收丁稅正稅，必按戶口冊均派，法
詳上文。見第一章第二節第三款。

第五款　合眾國各邦貨物出口不得征稅。各海
口貿易章程稅則宜一律無異，不得有此優彼絀之別。
船隻載貨赴某邦或由某邦開行，均聽其任便往來，
不得限定某邦某口爲卸貨納稅之區。按：美國屬英之時，
不得與歐洲各國貿易，凡船隻載貨出口，須赴英國口岸起卸，商
民病之，故盟約特載此款以革其弊。

第六款　戶部存款，除遵例提用外，毋許濫支。
其遵例提用之款，務將進支數目、如何動用逐一載
明，隨時呈報。

第七款　合眾國不設爵銜稱號，其食俸任事官
員，非有國會允准，不得受外國君主禮物、酬勞、
官職、稱號。

第十節　論合眾國各邦之權有限制

第一款　國內各邦不得與外國立約聯邦會盟，

並不得發給開疆强償執照，不得鑄錢幣、出鈔票，除金銀而外不得制他物以償債，並不准行越權定罪之例及追罪往事之例。凡律法能致人失信而棄約據者不准行，爵銜稱號亦不准用。

第二款　各邦非經國會允准，不得征收出入口貨稅，如酌抽規費，以供本邦查驗出產之用者，在所不禁。各邦所征出入口稅實數，俱歸合衆國戶部動用。所有征收稅課之例，如須改訂，悉由國會核定，各邦非有國會允准，不得征收船鈔於昇平之日，不得蓄養兵士建置戰艦，並不得與鄰邦或與外國訂立條約，擅啓釁端。若外侮方侵，事變叵測，急不及待，應行從權者，不在此論。

第二章　論行法司

第一節　論正副總統

第一款　行法之權，歸於合衆國正總統。總統以四年爲滿任，副總統亦然。舉總統之法如下款。

第二款　各邦按照邦會紳士所授之法，選派公舉人若干員，其人數與各該邦所派上、下議院紳耆之數相等，現任國會紳耆及合衆國食俸任事之員不得派充公舉人。

第三款按：此款所載舉總統舊法，今已不行，改訂新法如下。

續增美國合邦盟約

第十二章

第一節

　　第一款　各邦公舉人在其本邦聚會，各出籌擬舉正總統一人、副總統一人，正副不得同籍本邦，至少須有外籍者一人。籌上書明選舉某人爲正總統，另一籌書明選舉某人爲副總統，於是將擬舉爲正總統者伊誰，各得籌若干，擬舉爲副總統者伊誰各得籌若干，分列爲二單，由公舉人畫押批明封固，送至合衆國京師，交上議院院長開拆。按：此單須繕備三分，一分專差遞交國會，一分交郵務局轉遞，又一分封交本邦之合衆國巡按司公署存案。如延至正月內第一個①禮拜三，此單猶未遞至京師，則由首相遣員赴該邦巡按司公署查取存案之一分，送至京師以憑核計。該院長屆期即在國會衆紳者之前，將各邦送到名單當堂開拆，核算某人承舉爲總統得籌最多，而其數又逾於公舉人總數之半者，其人即定爲正總統；如得籌不及公舉人總數之半，即取得籌最多者約三人，由下議院衆紳士投籌重舉一人爲總統。計籌之法，每邦無論所派下議院紳士多寡，須

---

① “個”，張鈔本作“次”，第四款亦如之。

同出一籌，此事須得衆邦三分之二有紳士在座方得開辦。若紳士所舉之人籌數逾於邦數之半，即以其人爲總統。如下議院紳士於應舉總統一事，延至本年三月初四日猶未舉定，即以所舉之副總統署正總統，其辦法與正總統身故出缺或有故未能任事者同。

第二款　其承舉爲副總統得籌最多，而其數又逾於公舉人總數之半者，其人即定爲副總統。不及半則取得籌最多者二人，由上議院紳耆重舉，此事須得本院紳耆人數三分之二在座方得開辦，若所舉之人籌數逾於衆紳耆人數之半者，即以其人爲副總統。按：上議院舉副總統，每員准一籌，下議院舉正總統，每邦只准一籌，辦法各異。

第三款　凡不能勝正總統之任者，亦不得爲副總統。①

第四款　各邦選舉公舉人日期及公舉人投籌日期均由國會酌定，惟投籌日期須舉國一律。按：一千七百九十二年定例，公舉人聚會投籌在十二月內第一個禮拜三，國會核計籌數在二月內第一個禮拜三。又，一千八百四十五年定例，各邦選舉公舉人在十一月內第一個禮拜一後一日。

第五款　在美國生長之人，或入籍美國在立盟約之前者，方准爲總統。惟年紀不及三十五歲，入籍未及十四年者，仍不准。

---

①　第十二修正案至此結束，第四款起爲最初通過的條款。

第六款　總統因事開缺，或身故，或告退，或有故未能任事，即以副總統爲正總統。倘遇正副總統，皆因事出缺，或身故，或告退，或有故未能任事，則由國會議立一員攝行總統事，以俟總統照常任事，或俟各邦另行公舉。

第七款　總統任內俸銀不得卒加卒減，並不得受合衆國及國內某邦酬款。按：總統俸銀前定每年二萬五千元，至一千八百七十三年增至五萬圓，副總統俸銀每年八千圓。①

第八款　總統受職必先具誓，其詞曰：“指天具誓，願竭誠効忠以任合衆國總統之職務，殫盡心力以保存合邦盟約。”

第二節　論總統之權

第一款　總統爲合衆國水陸二師統兵大元帥，各邦民兵爲合衆國調用者，亦歸總統節制，各部該管事務總統可飭令該部大臣議奏，除官員被參，不得寬宥外，凡有干犯合衆國律法者，總統有權特赦其罪，或命暫行監候。

第二款　總統商准上議院紳耆可與外國立約，惟須上議院紳耆三分之二意見相同，方能定議。總統可點派頭等公使、各等出使大臣、領事官、律政院審司及合衆國日後遵例續設職官，均須上議院紳

---

①　雜用“元”、“圓”，原文如此。

者公議允從而後定。至於各屬司員，或由總統自行點派，或由律政院審司及各部大臣揀派，應由國會酌度情形，立例議定。

第三款　上議院停議之時，遇有合衆國官員出缺，總統可以發照派人暫行充補，其任事之期，限至下屆國會停議爲止。

第三節　論總統職守

第一款　總統須將合衆國各邦情形隨時諭知國會，令將應行事宜公同商議，遇有要事可調集兩院或任調一院紳耆會議，如兩院於停議日期意見各殊，總統可酌量諭令停至何日再行會議。至於接納外國各等公使，皆總統之事，又須留心體察各定例是否實力舉行，並給予合衆國各職官莅任執照。

第四節　論總統被參

第一款　正總統、副總統及合衆國文職官員謂各部大臣、律政院審司及巡按司等官，國會紳耆及各邦所舉者，不在職官之列，如有謀叛大惡、授受賄賂、干名犯法等事被劾後，審明即行革退。

第三章　論定法司

第一節　論合衆國法院

第一款　合衆國司法之權，歸於律政院又曰上法院及國會隨後所設歸律政院統屬諸法院。律政院審司及屬下各法院審司，如品行端方，應令長莅斯職，在任時應得薪俸不得核減。

第二節　論審司之權

第一款　凡與合邦盟約律法及合衆國所立和約有關涉之案，或有關於公使、領事之案，海上戰利管轄等案，與夫一切翻齬案件合衆國在局內者，或此邦與彼邦翻齬，或此邦與彼邦之民翻齬，或此邦之民與彼邦之民翻齬，或同爲一邦之民憑二邦之權索地基而興訟者，或此邦及此邦之民，與外國及外國之民翻齬，以上各案件皆歸合衆國審司審斷。

第二款　凡有關於外國公使、駐箚使臣及領事官之案，與案情之牽涉於一邦者，律政院有逕行審辦之權，其餘前款所述各案件，律政院遇上控有復審之權，其有不准上控者，有須循定章者，悉由國會酌定。

第三款　凡審問一切罪案，除官吏被劾外，須有陪審人員，又必在起事之邦審辦，如起事不在各邦轄內，應於何處審辦，由國會議定照行。按：陪審人員以十二人爲額，擇民間之殷實誠樸者當之。遇審罪案，令陪審者到堂聽審，審司執法判案，仍須陪審十二人公議允行，方得定罪。

第三節　論反叛

第一款　興兵謀反，或潛附敵人助之濟之，斯爲反叛。定反叛之案須有見證二人，供詞相同，或逆犯當堂自招，方得定罪。

第二款　反逆如何治罪由國會議定，惟不得查鈔家産、罰及子孫，反逆不處死者，不在此論。一千八百六十二年國會定例，反逆或處死，或監禁、罰鍰，由審司酌定，惟監禁不得少於五年，罰鍰不得少於萬圓。

第四章

第一節　論各邦例案

第一款　此邦於彼邦之律例契券及其審司訊判之據，當奉爲信憑，應如何察驗以杜假冒之處，由國會立例通飭遵行。一千七百九十年國會立例，各邦律例契券、審司判詞均以印押爲憑。

第二節　論庶民利益

第一款　此邦之民赴彼邦，其應享之利益，與彼邦之民所享之利益相同。

第二款　此邦有反叛兇惡罪犯逃往彼邦，由此邦主政者即總督行文到彼邦查拿，應即將犯解交起事之邦懲辦。

第三款　學徒、傭工遵此邦之例定有年限，如在限期內逃往彼邦，不得以章程互異，遂爲逃人解脫，如經原主查取應即交還。

第三節　論新邦、新疆

第一款　新邦願入合衆國者，由國會核准，但不得於舊邦轄內別爲一新邦，亦不得合二舊邦或數舊邦以爲一新邦，更不得於數舊邦內割地湊合另爲一新邦。如經各該邦會及國會特准者，不在此論。

　　第二款　國會有權定立條例，以掌管處置合眾國新疆公業。至合眾國與各邦各有應得之地，盟約各款不得作有礙於其應得之額解說。

第四節　論護衛各邦

　　第一款　合眾國願保存各邦永行民主之政，各邦遇有外侵內亂，一經該邦邦會或總督報知<small>邦會停議則由總督逕報</small>，合眾國必妥爲保護。

第五章　論增訂合邦盟約

　　國會紳耆如有三分之二欲將合邦盟約增訂，或合眾國各邦三分之二，其邦會請國會將盟約增訂者，由國會知照各邦派員會議如何增訂，議成之後，或由各邦邦會紳耆畫押，或由會議各員畫押，應由國會酌定，其畫押須得眾邦四分之三具名方稱定議。議定之款即與原立合邦盟約無異，舉國一體奉行。惟一千八百零八年以前，如有刪訂，不得於第一章第九節第一、第四兩款稍有妨礙。各邦非出於自願，不得減少其應派上議院紳耆人數。

第六章

　　第一款　未立盟約以前，所有揭借公債立定約章，均係合眾國肩承，辦法悉與聯邦時無異。

　　第二款　合邦盟約及遵盟約而立之律例暨已立、

續立之條約，俱視爲合衆國之上法，各邦審司執法辦案，凡邦例與盟約不符者，概不准行。

　　第三款　國會、邦會諸紳耆，及合衆國與各邦行法定法之官，於受職之時，須具誓衛護合邦盟約，至於奉教，無關於職守，無論所奉何教，合衆國不得歧視。

第七章　論盟約告成

　　衆邦會議以上盟約，如有九邦畫押願從者，即作爲定議，由願從之邦遵守奉行。按：會議盟約之時，美國共有十三邦，願從者居十一邦。

　　一千七百八十七年九月十七日，合衆國自主後第十二年衆邦同立。

合衆國續增盟約（十五章）

第一章

　　民間立教奉教，各行其是，國會不得立例禁阻。至於言論著述、安分聚會、負屈請申等事，皆得任便行之，國會毋得立例拘制。

第二章

　　各邦應練民兵以資保護。民間置備隨帶軍器不得禁阻。

第三章

國家平定之時，寓兵於民房，必出於房主情願，亂時亦然。兵士如何安插，候立例定奪。

第四章

民間身家房屋物業契券字據，不得無故搜奪，如請搜檢票，必須案出有因，又必具誓確實，指明應搜之處某人某物應行搜拿，方准發票。

第五章

凡干名犯義重大罪案，須由陪審大員具呈各邑擇有名望者，至少十二人，至多二十三人，爲陪審大員，遇有罪案，先由陪審大員會議確查原告所稟情形屬實，然後具呈有司審辦，方得提犯到案審訊，水陸二軍及民兵當國家有事之秋，有犯前罪者，不在此論，罪犯既已辦結，不得再拿懲辦，並不得勒令犯人自供其罪。指用刑鞫訊。除遵例辦理外，不得殺害人之生命、拘制人之行藏、侵奪人之家產。如以私業取爲公用，必須公平酬償。

第六章

犯罪之案，被告者須由犯事地方例定界限內之陪審人員公同妥速審問，將所控情由詳告被告之人，准其當堂與證人對質，如被告者欲得某人爲證，須即傳令到案，並准其請律師到堂申理。

第七章

遵通例審判之案，凡銀數逾二十圓者，須由陪審人員斷定，既定之後，不得在合衆國法院重審，其遵照通例所載有可以再行提審者，不在此論。

第八章

取保不得多索，罰款不得過重，刑法不得太酷。

第九章

合邦盟約所載民間應有權利，非謂所有權利僅此而已，其尋常所有者，仍舊照行。

第十章

凡盟約中無載明特讓合衆國之權及特禁各邦之權，准各邦與其居民仍舊照行。

以上十章於一千七百九十一年十二月十五日增立。

第十一章

無論本國、外國①之人，不得因例案爭端興訟控

---

①　"外國"，張鈔本作"列國"。

告合衆國内之某一邦，合衆國司法之權不得理及此
等案。

　　此章於一千七百九十八年正月初八日增立。按：
原立合邦盟約第三章第二節第一款載：此邦及此邦之民，與外國
及外國之民興訟，亦歸審司審斷，是無論本國、外國之人，皆得
與國内之一邦興訟，衆邦以其有礙於體制，故增立此條，以删
改之。

第十二章

　　譯見前。此章於一千八百零三年增立。

第十三章

　　第一款　合衆國内及所轄地方不得蓄養奴僕，
並不得迫人爲奴役之工。罪犯定案後，罪①作奴役之
工者，不在此論。
　　第二款　國會有權妥定律例，以行前款之意。
　　此章於一千八百六十五年增立。

第十四章

　　第一款　凡在合衆國内生長之人，及入籍於合
衆國或其屬地之人，即爲合衆國之民，亦即爲所住
此邦之民，無論何邦，不得立例减少合衆國人民應

---

①　“罪”，張鈔本、陳鈔本作“罰”字，較妥。

享之權利，並不得違背例章殺害人之生命、拘制人之行藏、侵奪人之家產。凡屬合眾國轄內之人，皆須遵例一體保護。

第二款　下議院紳士人數，係按照各邦民數多寡而定，胭甸土人不納稅者不入計。凡居民男子年在二十一歲以上，不入叛黨，又無犯法，若所居之邦不准其投籌選舉公舉人及下議院紳士暨本邦總督、審司、邦會諸人員，則該邦應派下議院紳士人數，必按照所不准舉官之男丁人數比例核減。按：何色人始准舉官，係由各邦自定，合眾國本不預聞，自釋奴後昔日之奴役作五分三算者，今皆齊民，南邦之民數頓增，其所派下議院紳士人數，亦與之俱增，乃南邦每不准昔日之奴舉官，故國會特增此款，意謂南邦紳士人數既因釋放黑奴而增，則黑人應准一律舉官。如不准其舉官，則所派紳士人數應比例核減，欲各邦自擇所從，以示限制也。

第三款　凡上、下議院紳士及合眾國職官暨各邦立法、行法、定法等官，於受職時業已具誓遵守合邦盟約，此項人員如有明歸叛黨或暗助之，以後不准再充國會紳士，並不准充公舉人及合眾國各邦文武職官。如國會兩院紳耆各有三分之二允准其人復充職官者，不在此論。

第四款　合眾國遵例揭借之公債，及剿平亂黨之優恤糧借款暨募兵平亂，所給鼓勵銀借款入募者例給糧餉之外，有先給鼓勵銀一款，所給不一律，其多少視募兵之難易而定等項，自應照還。至於亂黨所欠之債，為扶助反逆以攻合衆國者，暨釋奴後，奴主虧累之款，皆屬不合法款項，合衆國及各邦皆不認還。

第五款　國會有權立例，以行前款之意。

此章於一千八百六十八年七月二十一日增立。

第十五章

第一款　凡屬合衆國之民，皆准一律舉官，不得以種類不同、皮色各異，或因其昔日微賤爲奴，遂不准其舉官，或減少其舉官之權。按：第十四章第二款，用意在黑人可以一體舉官，不在核減紳士人數，乃南邦卒不願黑人舉官，國會恐黑人不能一律自主，故再增此款，欲舉國二十一歲之男丁皆得一律舉官也。

第二款　國會有權立例，以行前款之意。

此章於一千八百七十年三月三十日增立。

此約過繁，初意欲爲刪節，既念外國文字與中國有殊，所刪或不當，恐失其本意，因全錄之。余此書小説家言耳，猥雜之譏，不足避也。

《瀛環志略》之稱華盛頓也，曰："起事勇於勝、廣，割據雄於曹、劉，既已提三尺劍，開疆萬里，乃不僭位號，不傳子孫，而創爲推舉之法，幾於天下爲公，駸駸乎三代之遺意。"其稱之可謂至矣。余嘗以問蔡君，則曰："華盛頓之不自立，蓋別有故，世固不盡知也。當叛英吉利之初，人心不一，華盛頓因倡爲民主之説，謂拒英立國，當使民得自由，不爲人制，故其衆翕然從之，血戰幾十年，[①] 乃得自成一國，而民之死於兵革者多矣。事定之後，使其儼然自稱國主，則是殺人以自利，國人必將不服。敵國異黨_{西人不以黨爲諱，國中必有數黨，特人之多寡強弱不同耳。}皆將起而乘[②]之。立國之始，民情易搖。一有蹉跌，前功盡棄。故華盛頓之不自立，蓋亦格於事勢，非浮雲富貴、薄國主而不爲也。特其遠慮定識，斷非常流所及，固不能不謂之人傑耳。”蔡君此説，得之米人語，當不虛。陶卿田嘗言：以中國人記外國事，大氐得自傳聞，其中曲折隱微多未能真知灼見，故是非失實、毀譽過情者，往往有之。談夷務者未可輕信臚言，據爲定論也。證以米人之論華盛頓，卿田之言其殆信乎？

---

① 此處“幾十年”意謂接近十年。
② 原爲“桑”，同“乘”。

卷 四

《浩然齋視聽鈔》說郛本云，"圓夢"本南唐近事，馮
僎舉進士，徐文幼圓其夢。琼按：李德裕所撰《明皇十
七事》記黃幡綽爲安禄山圓夢，鍾輅《續前定録》記明
皇夢二龍銜符，上隸"姚崇宋璟"四字，召申王圓兆。
又，唐人記唐高祖於某寺建圓夢堂，其事皆在南唐前。
草窗置彼引此何歟？圓夢亦作原夢。案：唐高祖事見《洛中
紀異録》，寺名興儀姚文駿注。

曩時朋輩以詩見質，輒摘其佳句以片紙録置篋中，
數十年來所存不少，近以匡居多暇，方擬觕加排比，彙
入此編，則叢殘蠹損之餘，存不逮半矣。今所存者，如
山陰盧秋坪洲之"松聲專一壑，雲氣失千峰"、"秋來鄉
夢鱸魚膾，夜半寒聲蟋蟀盆"，李子駿之"客來三弄篴①

---

① 篴，同"笛"。

人坐，一闌花秋陰時節"、"青苔巷客子，年華白袷衣"，仁和徐伯熙_昶之"雨聲深巷屐人語，小樓鐙澒洞風烟"、"河北賊模糊，月旦汝南評"《汝州道中聞警》，餘姚辛仲人_{中仁}之"風軟花無恙，人閒月有情"、"風雪故園寒可耐，烽塵客路夢猶驚"，錢唐陸次山郡倅_{有壬}之"雲起青山活，潮生赤岸低"、"到此難爲水，茫然別有天"《泛海》、"東坡海外黄雞粥，西蜀山中白木鑱"，侯官林子隅太守_直之"美人多晚嫁，才子例無官"、"輕寒遲客夢，殘雨逗鄉心"、"濕雲破月忽成雨，老樹出墻多受風"、"楓葉空江秋送客，菊花疏雨晚逢人"，江陰金湈生運同_{武祥}①之"風寒潞河水，秋老薊門煙"，歙縣潘伯時大令_{貞敏}之"生計嗟牛後，才名愧駱前"、"辛苦十年吟古鏡，艱難二月賣新絲"，山陰宋華庭_{澤元}之"塔鈴靜孤嶼，僧笠瘦斜陽"、"五株試種淵明柳，三斗難餐屈突葱"，會稽賈虛谷_{景方}之"日光沙磧白，風色塞門黄"，姚習庵之"簫聲花市月，扇影酒樓風"，金薇軒之"絲竹關心中歲感，干戈回首故園秋"、"獐頭鼠目無真相，馬浡牛溲有用時"②，會稽陶卿田_{文□}③之"價平晚稻登場後，喜動頻年作客人"《喜雨》、"無命不須論竹帛，有田方許狎漁樵"，

---

① 金武祥，字湈生，江蘇江陰人，任廣東鹽運同知，著有《粟香隨筆》等。

② 浡，原訛爲"勃"。

③ 陶文鼎，字卿田，汪琚此處用□代替"鼎"字，出於避諱，其父名汪鼎。

此類數十聯，大抵矜鍊出之，不愧清詞麗句之目，特已佚者，銷落堙沈，無由搜集，思之不勝悵惘耳。

次山①以通判待闕廣東凡二十餘年，嘗以辦賊、讞獄見知上官，而未嘗握一篆、晉一階，其自訟詩有云："殺賊與讞囚，其事皆不吉。幸未錄微勞，或可減餘孽。"可云藹如之言。他如"敢言耕讀事，已負父師恩"、"亂後懷人惟有夢，客中聽雨不宜秋"、"每憐海外風雨夕，同此天涯兄弟情"《題畫雁》，皆語意真摯，不以塗澤爲工。次山又有"推窗濕我衣，知有夜來雨"十字，殊近唐人。次山之弟子信有孚有句云"鳥雖已倦無還處，花到全開是褪時"。

子隅②嘗刻《壯懷堂集》，皆二十九歲以前詩，其後宦游嶺南，與方子箴都轉澐頤、李恢垣吏部相倡和，彼此疊韻動至八九往返，詩筆遂爾瀾漫，轉不及少作之工矣。集中句，如"所得在情性，相思空夢魂"、"十年王粲傳，八口杜陵家"、"泉聲萬古不歸壑，雲氣四時常繞門"、"水氣釀成三日雨，春陰勒住二分花"，皆與放翁相近。又"山中寂無人，秋風時一來"、"暮色帶頹垣，斜陽下衰柳"亦五言佳境也。子隅《食鱘魚》詩云"釀

---

①　陸有壬，字次山，浙江仁和人。

②　林直，字子隅，福建侯官人，曾入林則徐幕。

脆雖云腐腸藥，茹蔬未必皆彭聃"①，達人雋語，大可爲
饕餮輩解嘲。

　　湉生爲逸亭廉訪國琛介弟，耽嗜篇什，寢食以之，比
年試吏廣東，每奉臺檄，句當公事，五管山川，行迹幾
遍，集中佳句如"在天符北斗，終古鎭南溟"《肇慶七星
巖》、"雲黯桄榔雨，風腥玳瑁潮"、"緑榕濃護社，紫芋
蔓成田"、"巖深古佛占成屋，樹密幽禽巢作家"、"黎童
慣逐牛爭渡，洞獠時隨犬趁墟"、"巖煖蝯搜花釀酒，林
深貍攫果爲糧"、"島嶼風腥魚變虎，樓臺雲幻蜃連虹"，
皆行役嶺南東西道中所作也。湉生之大父一士先生謰以
詩名邑中，平生所作不下三千首。髮賊亂後，集版散失，
湉生之尊人掇輯殘賸，爲《篤愼堂燼餘稿》，刻之廣州。
集中佳句最多，略記數聯於左："花氣隨潮湧，春愁帶雨
來。前生是明月，今日又春風。"《梅花》"雨來千樹合，
雲起萬山浮。老至居人下，途窮仗友生。""五畝未謀歸
隱地，一官依舊苦吟身。一層花影千絲柳，身在多情薄
命間。"

　　岳墳詩自趙松雪七律一首外，傑構殊稀，《燼餘稿》
中，《謁岳忠武王廟》詩云："感憤騎驢客，猖狂立馬
圖。"但從旁面、對面著筆，頗覺壁壘一新。

———————

　　① 脆，原爲"脃"，同。

　　孟東野詩高卓堅苦，在唐賢中實能自成一家，後人學之者不少概見。伯時《搗衣吟》云："烏啼月皎皎，蛩語風淒淒。離鄉幾千里，游子嗟無衣。""搗衣夜苦短，砧杵那得緩。杵聲不在砧，卻在游子心。"步武溧陽，幾於具體。其五、七言近體，如"病肺妨名酒，飢腸出好詩"、"輕鷗浮水遠，修竹繞村圓"、"相馬但能分牝牡，聽蛙何必問官私"、"干時頗悔書三上，遣興惟憑酒一中"此類數十聯，皆能精心結撰。又"曳履定蟲聲，山向酒人青"、"秋風先冷異鄉人，能耐飢寒即豪傑"諸斷句亦雋永可味。

　　咸豐初賊陷金陵，秦淮妓陸筱雲赴水死，又一妓罵賊死，一時文士多以詩詞輓之，往往抑揚太過。伯時詩云："大節未輸毛惜惜，盛名羞說李師師。"下語極有分寸。

　　華庭好藏書，所刻叢書頗有善本，其《懺花盦詩鈔》中七律最多，如"紅粉團成香世界，青衫都是淚衣裳"、"照人酒盞舊時月，隔水簫聲何處樓"、"春來得句憐詩瘦，客裏懷人有夢知"，皆與晚唐爲近。

　　五律最重起句。朋輩中，如杜季瑛之"年少如楊柳，多情恨有餘"，宋華庭之"片雲空際起，山鳥挾之飛"，辛仲人之"兵革飢寒後，他鄉匹馬行"，賈虛谷之"落

日越王臺，重陽酒一杯"，姚習庵之"垂楊不知數，都在
畫樓東"，皆可云工於發端。

　　卿田作《少年行》中四語云："有酒但酹要離墳，
有金但鑄平原君。胸中熱血袖中劍，世上交情天上雲。"
殊骯髒有奇氣。所著《有真意齋集》，余爲之序。

　　明季吳興人臧晉叔刻《元曲》百家[1]，卷首載燕南
芝庵論曲云：成文章，曰樂府；有尾聲，曰套數；時行
小令，曰葉兒。小長蘆釣師[2]目所作北小令，曰"葉兒樂
府"，殆出於此。姚習庵《昔昔鹽》云："妝巧添花子，歌新按
葉兒。"

　　道光戊申、己酉間，余居廣州，與葉蘭臺、莫船衍桂
昆仲洎朗山、季瑛輩談藝論文，昕夕靡間。蘭臺尊人蓮
裳先生英華喜填詞，余輩有作，間亦賡和。時有詩社，以
"柳眼"命題，諸人皆作詩，先生謂此題宜於長短句，作
《過秦樓》慢詞云："綠倦橫波，青垂拂水，媚冶忍將伊
妒。離愁未醒，煙夢縈蘇，渾帶淚痕酸楚。幾日淺逗花
梢，轉瞬穠華，韶光偏誤。縱啼鶯唱煞，曉風殘月，偷
聲羞顧。誰省識、愛好天然，偶然回盼，笑也嫣然流露。

---

① 臧晉叔所刻書名爲《元曲選》。
② 朱彝尊晚號"小長蘆釣魚師"，又簡稱"小長蘆釣師"。

白門秋老，紫塞春深，閱遍斜陽今古，鎮日傷心，奈何望遠天涯，美人遲暮，怕纖腰瘦損，慵畫小青。"《眉嫵》此詞一出，諸人皆爲斂手。後二十餘年，蘭臺昆仲刻先生《花影吹笙詞》，余爲後序，猶及此事也。蘭臺此題句云"殢人倦態春三月，照影橫波水一泓"亦佳。

蓮裳先生有《詠虞美人花》詩云："大風起處奈卿何？舞袖誰憐楚帳歌。幾點興亡兒女淚，借花紅到漢山河。"

蘭臺少時，嘗效小長蘆釣師作《洞仙歌》① 十餘闋，中有一闋云："挦蒲葉子，正夜闌同戲團坐，烏皮小文几，說夜闌寒重故，故相偎，流盼處，眉語替傳深意。繡榻嫚婉睡—作索乳寧馨覺，索乳嬌啼—作小玉低言，纔聽恩恩便先起，女伴怪來遲，許我頻—作連催，渾不似衆中回避，更一飲瓃漿，最銷魂。卻笑問，檀奴可曾知味？—作看酒蕩襟懷，更融怡笑，一飲瓃漿，問郎知未。"余最愛誦之。近見其自定《秋夢庵詞集》，一闋不存，怪而問之，云："舊稿散失不能復追記矣。"此詞初稿如上所錄，其註中"一作"云云者，蘭臺以初稿語意太露，自改之也。余謂詞本酒邊鐙下之作，如劉改之詠足《沁園春》，其描繪不更甚於此乎？故仍以初稿爲正，而註改本於下，以質深於此事者。

——————

① 《洞仙歌》格律有數十種變體，注者隨意斷句，不足爲法。

《秋夢庵集》中題桐陰撕笛仕女《清平樂》云："蟾光似水，花影層闌①碎，風露羅衣涼欲洗，此際高樓誰倚鄰家絃管？分明兒家，庭院淒清。縱有一枝橫竹，奈他都是秋聲。"雖脫胎玉田，意境要自綿邈。此外斷句可誦者，"春人原自怕黃昏，簾幕半垂窗半鏁②，怎不銷魂？"《賣花聲》"已曾同坐合歡牀，如何瞞得住裙衩兩鴛鴦"《臨江仙》，"賸有斜陽在柰苔，荒樹老，又換鷗邊"《憶舊游》，"不信綺羅脂粉福，都作愁邊滋味"③《金縷曲》，"絕無人處有簾櫳，獨自歸來，鐙影一星紅"④《虞美人》，"怕呢喃雙燕歸來，不是畫梁朱戶"《瑞鶴仙》，皆可遠攀容若，近挹頻伽。至《綠莊嚴館看月·瑤花》一闋中有數語云："河山無恙還憶否？當日廣寒宮闕。危樓獨倚，聽鶴背瑤笙清絕。"則寄意深微，不減坡公之中秋水調矣。

番禺孟蒲生孝廉鴻光，道光中文名甚著，所作詠物詩，類皆雕繪工麗。嘗見其《水仙花》詩："相看萼綠明肌雪，小綴花黃貼麗星。"刻畫極工，偶爲蘭臺道之。蘭臺曰，蒲生尚有《詠牡蠣墻》七律十章，於艱難中特

---

① 庚寅刊本《秋夢庵詞鈔》原文"闌"作"欄"。

② 鏁，同"鎖"。

③ 庚寅刊本《秋夢庵詞鈔》原文"作"作"做盡"。

④ 庚寅刊本《秋夢庵詞鈔》原文"鐙影"作"燈暗"。

出奇麗，因以其手稿見貽，輒録五章於左："石雲千朵白回環，伴我茅齋日掩關。萬劫灰塵九年壁，半生邱壑一作軀殼一房山。鄉風蜑雨蠻烟外，古趣秦甎漢瓦間。何必更求名畫補，繞盧皴出緑螺鬟。""魚鱗瓦屋兩三家，移得蠔山面面遮。蘚隙月明啼絡緯，草根一作苔衣雨過長蝦蟆。碎懸點滴垂珠溜，側讓天斜礙户花。貝闕蛟宫誰得見？未應隨處説繁華。""如山氣勢已全傾，千百猶然附結成。世上樓臺原蜃幻，古來巢窟一作蠻觸有蝸爭。情塵粉飾終嫌俗，詩境崚嶒不喜平。應與茅龍同護惜，莫抛墻角類鐙檠。""波濤歷盡寄籬樊，五畝桑陰護短垣。豚栅雞棲花外屋，魚莊蟹舍海旁邨。邱山在昔名同重，藥石他時性尚存。怪得嶙峋撑傲骨，高蹤從不入朱門。""孤負豪名一代雄，蕭然環堵氣全空。荒園齧蘚廊腰碧，老瓦盛花屋角紅。未必有人窺宋玉，恰宜避世學王公。朋儕已作魚龍化，猶伴愁吟四壁蟲。"又斷句云："面爲俗塵蒙漸厚，心經劫火鍊成灰。""免遭疥壁留題字，容易偷光照讀書。""四面有衣披薜荔，一拳當石點菖蒲。""湖海浮沈餘骨氣，風塵凋落露圭棱。"皆佳。

　　嘗謂揚子雲之文，惟《酒箴》最善，蓋出於一時，以文爲戲，無復平日摹擬規仿之習，故能妙造自然。余懷此久矣，未嘗敢以語人。後見宋人周氏小隱《竹坡詩話》云："揚子雲好著書，後之議者紛然，惟陳去非一詩有護有評，而不出四十字：'揚雄平生書，肝腎間雕鎸。

晚於元有得，始悔賦《甘泉》。使雄早大悟，亦何事於
元①？賴有一言善，《酒箴》真可傳。’”乃知古人有先
我言之者矣。

　　博羅韓珠船給諫榮光詩名頗盛，其全集未之見也。蘭
臺嘗出其《黑牡丹》詩八首見示。詞致清華，似出黎美
周②《黃牡丹》之上。其第一首云：“玉漏沈沈夜未央，
遙聞青璅散天香。錦屏十二開雲母，香界三千擁墨王。
霧氣曉連鳷鵲觀，③御煙濃染袞龍裳。一簾花影春陰駐，
不事通明奏綠章。”第二首云：“草就清平筆未乾，筆花
開向玉闌干。爲留翰墨因緣在，莫作雲煙富貴觀。知白
何妨甘守黑，純青誰道不成丹？瑤臺月下相逢處，願得
東皇刮目看。”第五首云：“盧家少婦出青樓，筆掃雙眉
漆點眸。蹙繡春衫裁燕尾，淩波羅襪著鴉頭。朝雲暮雨
渾如夢，淡月疏烟爲鑠愁。莫遣夜深燒燭照，朦朧春睡
倚香簾。”第七首云：“深閨待字恰青年，誰搗元霜④了
宿緣？美女舊居原即墨，瑤姬小字稱非煙。泥中詩婢偏
逢怒，鏡裏香鬟尚見憐。隔著簾櫳天樣遠，可堪春樹暮
雲邊。”蘭臺云，聞給諫有待年之婢，色黔而美，給諫深

---

①　本詩兩個“元”字均避諱改，應爲“玄”字。
②　明末嶺南名詩人黎遂球，字美周。
③　鳷鵲觀，漢武帝所建宮觀。
④　元霜，應爲“玄霜”，神話中的一種仙藥，“玄”字又扣“黑”
字，雙關。因避諱改。

所屬意，有沮之者，事不得諧，因賦詩見意云。

　　山陰陳孝蘭茂才陔博學工文，薄游嶺南，意不自得。光緒甲申，和余《寒雨感懷》詩云：“飄忽韶光去若煙，東風無力放紅綿。病軀宜守庚申夜，禊事常懷癸丑年。塵境何方安草閣，俊游久不到花田。清明應有思家感，不覺星星入鬢邊。”其佗傺可以想見。明年歸里，舉鄉試第一，以書抵余云：“雖倖得一舉，而與哲嗣齊年，良深遲暮之感。”蓋年已四十矣。① 孝蘭駢體文以才氣行之，不規規於妃黃儷白，其合作②可以上攀二穉胡穉威、洪穉存，惜舊稿散佚，今所存無幾耳。

　　嘉善孫稼亭郡丞福清以舉人、教習官山西知縣，復改官廣東，歷宰大邑，與余交善，嘗和余《讀唐人詩戲成絕句》二首，云：“山斗爭誇蓋代才，精神能使嶽雲開。相門三度書空上，畢竟何人物色來。”“對策觥觥詆佞臣，劉郎風骨有誰倫。黃金儻把詩人鑄，好鑄長安下第人。”嗣轉大理寺評事，捐升同知，卒於廣東。所刻《檇李叢書》凡數十種，校勘頗精，身後不知何故，書板爲估人所得，又佚去十餘種，可惜也。稼亭工於律賦，已刻行。

---

① 陳陔於光緒十一年（1885）乙酉科中式浙江鄉試第一名舉人。

② 原文如此，疑有誤字。

稼亭轉官後，以交代故，留滯廣州，鬱鬱不樂，嘗有句云："壓雪竹同名士屈，當風柳似達官驕。"

自宋元以來，作詩話者多矣，無注詩話者。長汀胡衡齋大令鑒①嘗注《滄浪詩話》，以《滄浪》此書所論古人詩多舉其篇目而不載本詞，後人非檢視原詩無由知其說之當否也。注成，余爲之序。大令詩亦甚工，嘗次韻友人《無題詩》二首云："一去青鸞久未回，碧桃從此莫輕開。游仙艷説金條脱，往事驚疑玉鏡臺。流水浮萍生幻境，東風嫁杏待良媒。重簾不捲熏香坐，心字香殘恨亦灰。""杜鵑啼月不堪聞，誰道今宵月二分。曲奏湘娥秋在水，神行巫峽暮爲雲。鴛鴦幻夢三更枕，蝴蝶前生五色裙。我欲渡江還打槳，風梭織處水成紋。"大令未第時，嘗游嶺南，民俗故所譜悉，是以屢宰劇邑，所至有聲，既而緣事罷官，澹然不以屑意。余相識中尚有歸安姚蕉石運同晉蕃，官粤十餘年，被累左遷，遂棄其官，用醫術自給，養花種竹，不復以名位關懷之。二君者，其殆古人所謂忘貧屏貴者歟？

吾鄉潘石洲太史忘其名，著有《石洲文賸》一編，中有《耳目鼻説》云："甚矣，耳之靈勝於目也。今日觀書，明日或忘，少壯所聞之事，老而能憶，一也；當其

_____

①　胡鑒，福建長汀人，同治九年（1870）署番禺知縣。

閉戶而居，輿薪萃於垣外，雖離婁不能，見莫大於天，蔽以瓦，則不見。若聲之入耳，人聲、鼓吹聲，重垣不能隔，鐘聲、礮聲可一里，按大礮聲可達百數十里，潘乾嘉間人，見聞所未及，故其言如此。雷聲百里，二也；人之寐也，積物於前而目不知，聞履聲橐橐則驚而寤，三也。豈非耳之靈勝於目乎？或問其故，余曰：目之視以睛，耳之聽以竅，睛實而竅虛，虛故靈也。或又問曰：鼻之聞也亦以竅，聞薰蕕者爲時不甚久，爲地不甚遠，當其寐，不因薰蕕而寤，此何故也？予不能對，思之一夜，乃對曰：鼻與耳雖同以竅，而鼻猶有呼吸之氣，耳則併此呼吸而無之，是耳更虛也。虛則靈，更虛則更靈，不虛則不靈。然則人之心，豈可以不虛哉？或又曰：手足者人之功臣，耳目者人之敗子。"

石洲又有《書世母耿氏語》一篇，其文曰："隔一水，破屋數椽，吾世母耿氏所居也。老而貧，紡木棉花自給。予髫年往見之，自言是耿精忠之姪女：'精忠封王於閩，我每入府，見其諸事豪縱，夜讌雜懸五色頗黎紗縠諸鐙，有美女數十人，皆宮裝，繡襦褕上奏樂以侑酒，當意者重賞，不當意者呼武士斬其頭，盛以盤，獻諸筵上。康熙間，精忠反，王師滅之，我父負我而逃，至蕭山，聞有追者，棄我於地，蒼黃避去，不知所終。我時七歲耳，伏地而啼，汝族祖子裕公適過其地，見而憐之，抱歸山陰爲養媳，又九年配汝世父君祥公，世父殁矣，我老矣，追思往事如一夢焉。’予聞其語，識之不忘。自予釋褐以至歸田，冉冉又數十年，世母死久矣，其後人改破屋爲新屋。予賦詩四首云：‘封王富貴勝諸侯，歌舞樓臺在福州。五色鐙筵刀上血，玉盤跪獻美人頭。’‘掃去欃槍上將才，逃生老父棄童孩。一生不怨貧如洗，幸脱天羅地網來。’‘繁華恐怖又淒清，老父難知死與生。錦繡干戈皆一夢，祇今無恙紡車聲。’‘數椽已改舊茅堂，白髮毿毿久北邙。休論興衰人世事，一門中有小滄桑。’”

山陰朱越亭_{文溥}道光中客游嶺南，其詩詞頗爲人所稱，劢僅數十年，已無復知之者。余曩從友人許見其詩稿，七律頗工，嘗摘句鈔之，漫記數聯於左：“不解笑啼緣底事，無端名姓强隨身。”《生》，《觀我》四首之一“福慧漫存來世想，文章留與後人哀。”《死》“山自有情留佛住，石如解語笑人忙。”《觀音巖》“桃花顏色春人面，説與斜陽總不知。銀河秋冷憐芳姓，銅雀春深憶小名。”《百花冢前明名妓張喬葬處》

越亭有七古短篇一首，失其原題，語頗超雋。其詞曰：“樓高一層花一層，花好便結花爲朋。”“鴛鴦兩兩喚花語，繡榻芙蓉奈何許。”“估客停舟碧玉流，纏頭翡翠珊瑚鉤。春光如此不買醉，孤負好花開向樓。”

　　嘗見煙盤鐫一銘云："屏絕者迂，沈溺者愚。不黏不脫，可有可無。鴨鑪燼後，蜨夢醒餘。帳高懸鶴，枕小橫魚。鐙前話舊，榻上攤書。荷露一滴，蘭香四噓。未能免俗，聊以自娛。"自署"飲香室主人撰"，不知何許人也。

　　從兄竺生_璈嘗購得會稽王笠舫大令_{衍梅}行書橫幅，寫其自作小詩。書極秀逸，其詩則《綠雪堂集》中所未收也，錄之於左。《元夕離家北上花朝渡黃紆道客南徐雜詩》："綠雪堂前賦綠波，銷魂元夕沸笙歌。臨行指與梅花道，我往長安憶汝多。""白髮衰姑勸莫哀，紅兒綠女送妝臺。秋風似要人離別，吹上劉蕡一第來。""縞袂頻遮燭影紅，素車蘭槳各西東。假言此別饒歡喜，併入淋漓哭母中_{是日内子赴母喪回家}。""第一驕癡惱袞師，紙鳶蠟鳳鬭參差。阿孃好把金籠鑰，鸚鵡聰明上學詩_{謂阿昌}。""煙絲搖曳弄晴憨，虎阜雷塘次第探。一片玉簫簾盡捲，賺人春色又江南。""百日真真喚畫圖，臥吹橫笛下姑蘇。可曾買得千金寵，教好歌喉一串珠。_{虎邱訪半餘不值，何郎小妓歌喉好，嚴老呼爲'一串珠'，白太傅詩也。}""額粉庵中額粉仙。酒痕花影賭吟牋。別來愁思如春草，夢到西堂定黯然。_{高杏樓親家與予有《香影》合刻，又嘗以西堂目予，故借用阿連事。}""馬蹄曾踏軟香塵，此去鶯花入舊春。報與長蘆朱學士，新添紅杏一重姻_{謂朱意園主部}。""輓粟千艘集上游，孝廉船小競中流。抱關亦有知書吏，笑問槐花踏過不_{中有}

本事？”“毘陵柭杕近黄昏，[①] 走謁耆英獨樂園。笑我篋中無半刺，留題詩句在龍門訪洪稺存師不值。”“十載還鄉鬢已斑，更無雞犬伴青山。北人若問南施信，愁殺春波水一灣。施璞園自都中歸，舊宅在春波橋，已更他姓寓，寓梅生雲草堂。”“輪鐵丁東不忍聽，春風繫馬短長亭。一般楊柳無分別，覺比前番眼稍青。”“匝地黄塵控寒驢，曉扶殘夢上南徐。荒涼只作繁華想，卻憶蘭亭二月初。”“裁過月夕又花朝，一半家鄉酒未消。閒寫烏絲幾行字，吮乾香墨當黄嬌。”

袖海樓在廣州城南，番禺許冰渠方伯祥光[②]之別業也，基址甚隘，而造構奇巧，陳蘭甫學録有《袖海樓文讌詩序》云：“海色過雨，月波流天，冰渠主人排日觴客，出郭百步，造於袖海之樓，至則未知樓之所在也。主人導客，循篆路，度文疏，曲房螺旋，芳榭鱗疊，燦若碎錦，纍如貫珠。語其詰屈，譬藕心之錢；尋其方罫，成楸枰之局。飛閣東行，轉眺西日，明窗近拓，忽迎遠山。加以雕刻纖微，丹碧絢爛，旁甌插架，洞門自開。仰睇承塵，綺櫳突出，洵所謂人巧極、天工錯者矣。升降移晷，

---

①　杕，原訛爲“杖”。

②　袖海樓，在廣州南關太平沙，取東坡“袖中有東海”詩意，今已湮没。許祥光（1799—1854），廣東番禺人，字冰渠、賓衢，許拜庭長子，道光十二年（1832）進士，官至廣西按察使。許拜庭，廣東澄海人，由鹽務起家，占籍番禺。許祥光爲高第街許氏家族中第一個進士，之後名人輩出，許氏家族被譽爲“廣州第一家族”。

乃達斯樓。天光豁開，雲影縈帶，東石西石，裏湖外湖。樓下有池，前接珠江，主人自撰楹聯，有‘雲影波光裏外湖’之句。於是張華鐙，進芳醑，清謳閒作，高談欲飛。客乃舉觴而稱曰：奇哉！主人之爲斯樓也，地纔百弓，而游可竟日，不階窮巖列岫之勝，不藉長林怪石之助，非園非圃，不邸不壑，而窈窕若仙居，璀璨若圖繢，自來游觀之境，未嘗有也。可以跌宕文酒，嘲詠風月，人生行樂，其蔑以加於兹乎？主人曰：是則然矣，雖然，猶有未盡也。夫涉巨浪者識平川之安，歷漂霰者愛春韶之景。當庚辛之際，庸詎知有今日之樂耶？皎月復圓而假寐者隱几，繁花未落而尋芳者閉門，異日其無悔歟？於是客皆頷頤，或且浮白酒，顏既赭，詩腸頓豪。主人出，首唱四章，繼以疊韻，座客屬和。及主人猶子星臺孝廉①之作，凡若干篇，莫不聲諧絲簧，氣潤珠璧。一韻標奇，如明月之落几，連什雜誦，猶清風之過簫。美矣，茂矣。余畏題黃鶴之詩，宜罰金谷之酒。主人曰：幸爲我叙之。遂濡翰而題其後云爾。”前幅叙此樓結構，曲折明畫，讀者如身入其中。學録歿已數年，文集尚未刻成。此文亦不知入集否？蘭甫文手自删定，酬應之作大半不存。②故漫録之。

---

①　許祥光侄許應鑅，號星臺，咸豐三年（1853）進士，官至浙江布政使、護理浙江巡撫，許廣平祖父。

②　此文已收入《陳澧集》之《東塾集外文》卷三。

　　"蕉衫桐帽小低回，踏遍閒庭半畝苔。煙影昏黃簾影綠，一彎新月出花來。晚來雨過換單衣，寂寂閒門獨自歸。酒醒夜涼人不覺，一雙蝙蝠拂簾飛。"右無錫周篠綠明經詩也。道光季年，余於友人扇頭見之，愛其清妙，以告仲容。仲容復誦其佳句云："萍合山無影，荷深月有香。"《池亭夜坐》"角聲京口戍，鐙影海門船。""好山無定翠，幽樹不多花。""野雲如帖水，疏雨不遮山。"當時仲容嘗舉其名，今閱數十年，不復記矣。

　　五月十三日爲竹醉日，屢見雜書如種樹書之屬皆云爾。宋僧贊寧①《筍譜》云："竹有生日，即五月十三日也。移竹栽宜取此日。"其說獨與他書不同。

　　白雲山在廣州城北十里許，上有呂仙祠，道光中重修，王笠舫大令集句聯云："天下有道，我黻子佩；空山無人，水流花開。"又山上一亭，中懸一聯云："海上生明月，山中多白雲。"不知何人所撰。道光中，有人於珠江之側建亭爲讌賞之地，陳蘭甫學録集句聯云："群賢畢至，少長咸集；清風徐來，水波不興。"以上數聯，佳在所集之句人人皆知。余嘗於廣州城南臨江酒樓書聯云

———————

　　① 寧，底本爲"甯"字。

"海上生明月，天邊作酒星"，下句是李群玉①詩，而人不甚習見，不及前數聯遠矣。

廣州陳氏有詠花軒，軒外種梅數樹②，其軒額取"今朝梅樹下，定有詠花人"詩意也。金湖生運同爲撰聯云："閉門覓句懷無己，索笑巡檐定有人。"

文人類多幼慧，每於屬對見之。王漁洋之"白也"、"羲之"，朱竹垞之"王瓜"、"后稷"，見於雜説者夥矣。嘗聞人云，錢唐吳穀人祭酒錫麒五歲時，至戚串家，壁上懸丁敬身隸書，上有"鈍丁"兩字小印，其戚謂祭酒曰："聞汝能屬對，此'丁鈍丁'三字，汝能對乎？"應聲曰"子程子"，時方讀《大學》也。業師山陰童潤齋先生樹森七歲時，長者舉"古之人"三字，命以《四書》中語屬對，先生對以"今夫地"三字，長者異之。桂③生云，常州曩有神童楊聽臚以"正月繁霜"對"斜風細雨"，頗爲當時所稱。

近人詩集大抵近體多，古體少，以余所見，惟吳中須芥庵上舍彌保、武岡張南皆郡丞經贅所刻詩集，俱止五古一體。須集多效選體，僅於友人許一見，未暇甄録。

---

① 李群玉（808—862），澧州（今湖南澧縣）人，唐代詩人，此句出自其詩《廣州重別方處士之封川》。

② 陳巢民有"挹秀園"在越秀山南麓，内有"詠花軒"，今均不存。

③ 桂，應爲"湉"。

郡丞與余交善，集有八哀詩，其中新寧江忠烈公忠源一首叙公生平，與曾文正公國藩、孫子餘侍讀□臣①所撰墓碑、詩序可互證也。詩云：“江公吾老友，才略匪尋常。賦性喜豪放，俠烈拔剛腸。同登明經榜，聲名壓詞場。相攜游京師，風雨時聯牀。客愁見肝膽，揮霍薄困倉。悲歌發慷慨，論古嗟興亡。季子裘已敝，馮唐鬢先蒼。冷官博廣文，壯志彌軒昂。初值邺里亂，仗劍稱戎裝。畫筴②禽渠魁，脅從歸善良。論功授縣令，秀水扗歲荒。善教政除苛，遺愛民不忘。奉諱還故閭，髮賊紛披猖。蒙山殺氣黑，大旆征塵黃。今上初嗣位，求才奮宣揚。長官交章薦，墨絰齒戎行。瀍江著奇績，儒將能自强。烽煙接郴桂，羽檄馳衡湘。拔隊援長沙，兼程裹餱糧。阽危力卻敵，罔顧身被創。旋驚岳鄂陷，慘聞江漢殃。朔雪寒戰壘，疾風摧高岡。整軍肅權勁，致果馳騰驤。草檄磨盾鼻，補旗裂征裳。鼓角悲黑月，戈矛耀青霜。轉戰數千里，隱念萬姓瘡。歡呼望雲霓，到處迎壺漿。維時賊勢熾，沿江潰軍防。金陵恣竊據，群醜肆猖狂。惟公獨慷慨，抗疏陳其詳。萬人爲一軍，氣可吞陸梁。朝廷壯厥志，衝要使獨當。皖水開節鉞，廬州固封疆。地值

---

①　孫鼎臣（1819—1859），字子餘，號芝房，湖南善化人，道光二十五年（1845）中進士，咸豐二年（1852）擢翰林院侍讀。原注用□替“鼎”字，汪瑔避父諱也。

②　筴，同“策”。

兵燹餘，顛連滿膏肓。戰守雖有策，凋瘵暗自傷。拊循卒未定，祆①氛近相望。賊兵捲地來，角聲逐風長。環礮震林谷，弩箭如飛蝗。英姿忠誠貫，激厲意氣剛。民志頓固結，軍心無怯恇。制勝恒挫敵，成謀非不臧。援絕眦徒裂，力竭沙難量。志士遭阨運，天意亡睢陽。至尊爲震悼，贈册何煒煌。炯炯心不昧，昭昭史留芳。嗟余十載別，薄宦羈殊方。書生事戎馬，遠道橫豺狼。國家正多難，艱苦曾備嘗。感時恨塞臆，哭公涕盈眶。揮豪述梗概，翹首望梓桑。祖逖楫誰擊？劉琨劍摧鋩。何日洗兵甲，招魂薦馨香。”江公有贈郡丞五律一首，見公遺集。

咸豐間，俞溥臣客廣州，嘗作《春感》詩，有“盛時執獻長楊賦，春色都歸細柳營”之句。杜季瑛贈詩云：“淒涼寶劍氣難平，風雨中宵尚一鳴。王粲從軍須少日，班超投筆亦書生。盛時執獻長楊賦，春色都歸細柳營。碧海鯨波遼海淚，華年愁煞庾蘭成。”五、六即溥臣句，蓋用漁洋山人贈成都跛道士詩例也。

漢軍蘊玉仲郡丞爲嚮亭太守次子。余客太守所凡十五年，初見玉仲時年甫十三，即從余問詩法，嗣後朝夕相見，每有所作，輒以相示，指斥疵累，雖劇語不以爲

---

① 祆，同“妖”。

忤。三十以後，詩已哀然成集，惜中年遽卒，未竟其才也。集中七言最工，其佳句云："孤篷夜雨三更半，小港春波二尺餘。""人到故鄉翻似客，秋當佳日亦堪悲。""登場傀儡無真氣，入世文章有別裁。""當路歇歃應笑我，此中空洞儘容卿。""羲皇以上知何世，夷惠之間著此身。""識字從來憂患始，作人何止笑啼難。""豈有文章追玉局？更無議論策珠厓。""上古島夷曾卉服，清時蠻徼亦儒冠。"《瓊州雜詩》"廢圃花深胡蜨鬧，平塘水淺鷺鷥肥。""時論誤推王介甫，平生應似蓋寬饒。"《海忠介公祠》"往日中庸推伯始，於今出處誤深源。""明詔至尊憂社稷，交章奇士出風塵。""偶對一杯知病減，但逢三月覺愁多。""同我綠陰高臥去，有人碧海刺船回。"《詠琴囊》"狂因被酒輕言事，愁不關窮懶著書。"玉仲有《書林文忠公家傳後》詩，末四語云："壯懷頗似景延廣，雄略何如段紀明①。功罪紛紛無限事，側身天地未休兵。"不輕著議論而微意故有在。

　　侯官林薌谿學録昌彝爲陳恭甫編修壽祺弟子，喜説經，亦喜論詩，所著《三禮通釋》，嘗進於朝，游嶺南時年近七十，與余爲忘年之交，彼此浪游蹤迹，雖不嘗聚，而

---

　　① 景延廣（892—947），五代時後晉宰相，曾對契丹頗爲硬氣，但等契丹大兵壓境，却不敢出戰；段熲，東漢大將，字紀明，多次平定羌人叛亂，晚年任太尉，因日食自劾，獄中飲鴆死。

每一相見，論文談藝，往往移晷忘疲。光緒初還閩未久遽爾即世，其自定古今體詩曰《衣讔山房集》者，久已刻行，集中五、七古多長篇，未能備錄。姑摘其五、七佳句如左："懸巖漱飛泉，疑與亂石爭。"《九華山》"書得未曾有，山真空所無。""蛟蜃城頭雨，颿①檣樹杪船。"《汴梁》"白雲千雁影，黃葉萬秋聲。澗光寒釀白，山色曉凝青。""雲奔山欲動，煙立水孤飛。""關山三處月，風雪五湖舟。""村邊村接樹邊樹，山外山連湖外湖。""白雨飛濤千�󠄀磵走，黑雲捲地萬山搖。"《黯淡灘》"游子還鄉仍負米，全家傍水好耕田。"《送友人歸里》"故人今古餘明月，分野山川應酒星。"《濟寧登太白酒樓》"養癰誤用中醫藥，不下翻矜國手棋。"《秋感》

　　嶺南諸果，荔枝最著，而或謂出閩省之下，且性濕熱，不宜多噉。五棱子俗稱洋桃者。《桂海虞衡志》作羊桃，與莨楚別名相混。明人顧岕《海槎餘錄》則作陽桃。阮文達公喜噉之，有詩見公集中，而餘味小鹹，不甚鮮美。惟新會所出之橙，甘芳獨絕，其品格遠出柑橘上②。番禺徐子遠太守灝有詩云："樹老乃甘腴，實小更充溢。有瑕方爲美，無暈斯見黜。自注：橙以老樹爲貴，皮上有斑點乃佳，頂有小圈，

---

①　颿，同"帆"。

②　吳其濬《植物名實圖考》"橙"條目，稱"今以產廣東新會者爲天下冠"。

如作讖然，他所産無此也。霜林新摘來，筠籃纍朱實。粲然圜若球，剖取甜比蜜。此邑有橙户，種樹養家室。采擷供上官，豪奪及隸卒。果實日繁盛，生計轉蕭瑟。年年自守株，所得詎償失。遂欲賦伐木，税畝輸口率。”此道光中太守客新會時所作也。橙以老樹爲佳，邑中僅數十株，曩歲邑令於著花時即向園户定購，結實向熟，摘充饋遺，行省中大吏群僚無不遍及。官采之後，園户復自售其餘，相沿久矣。前數年花時遇風，結實無幾，典史某謂園户護視不謹，將執而罪之，重賄乃免。於是園户慮後累，凡老樹悉伐之，遂無一株。余性嗜此果，老樹所結味絕不同，到口輒辨，近年乃絕不可得。詢之土人，始知其故。太守前詩若爲之兆者，亦異矣。

子遠有雷霄琴，七古自序云：“客有攜琴求售者，琴質甚薄，已剥蝕，其邊池中有文云：‘大唐開元二十四年西蜀雷霄製，試鼓之，聲清以長，非復近時所有，真雷氏物也。’考李肇《國史補》曰，蜀中雷氏斵琴，常自品第，上者以玉徽，次以瑟瑟，又次金徽螺蚌。此則金徽，乃其又次者耳。叩所從來，李太守符清官山左時得之。太守既歾，家道中落，遂售於人客，索值百金。余力不能及此，留三日而歸之。”詩云：“孤桐百尺龍門種，昔日山中養鸞鳳。雷家仲氏裁作琴，搖落人間寒暑送。斷文細疊層雲輕，金徽粲列明星衆。移情我媿非知音，求售客言遭屢空。晏坐方爲梁甫吟，臨風試作梅花弄。

水邊籬落人未來，日晚寒林雪初凍。冷香疏散入虛幃，
翠羽啁啾醒幽夢。不知韻磬與響泉，相較此琴誰伯仲？
向來雅樂久消歇，仄調么絃紛市闠。京房律準太支離，
荀侯製笛徒空洞。黃鐘九寸本天然，絫黍持籌亦何用？
世傳指法雖不古，尚喜宮商得微中。敢譜伐檀歌鹿鳴，
依舊夏絃春可誦。希世奇珍難再得，須汝元音賡雅頌。
廣陵散絕猶可尋，莫漫收藏作清供。"子遠有《靈洲山人
詩錄》，已刻行。

　　同治壬申①秋，僦居廣州城南，一日有投刺見訪者，
湘潭王蓮舟通守濟也，與余初未相識，自言試吏廣東已
數年，嘗於友人許見余詩文，心識久矣。今聞歸自海南，
故來相訪。由是數往還，見贈五律二章其第一首云："曠覽極
寥廓，晴空獨鶴飛。諸侯迎上客，戎事決先機②。譚笑皆天趣，酸鹹與
俗違。城南一相訪，秋日麗清暉。"復以所作詩文曰《扶荔生覆
瓿集》者，屬爲刪定。人事倥偬，未及終卷，而蓮舟遽
歿。方擬選錄一編付之剞劂，而其鄉人方柳橋太守功惠③已
刻其全稿矣。集中古詩頗有才氣，近體七言最工，如"寒
月萬山蠻徼影，春風一笛楚江情"、"擣麝成塵何激楚，將
刀斷水亦纏綿"、"灘聲夜走黃陵磧，月色秋臨白帝城"《夷

---

①　同治壬申即同治十一年（1872）。

②　"戎事決先機"似指汪璚爲兩廣總督策劃鎮壓兩廣天地會起義。

③　方功惠，號柳橋，湖南巴陵人，晚清藏書家，廣東候補知府，署
潮州鹽運同知，以"碧琳琅館"藏書著稱於世。

陵》、"萬馬嘶風驕苜蓿，千夫行炙醉葡萄"、"繼統事原殊
濮邸，平情論不薄張璁"《安陸懷古》、"杠上初明臺畔表，
哀吟同谷道中詩"、"乍寒天氣初宜酒，傍水人家半是樓"、
"十里有花喧晚市，一年無日不元宵"《上海》、"裙腰綠賸
春前草，人面紅爭去後花"、"山上樓臺仍近水，夜闌歌舞
不離花"《香港》。或伉爽，或綿麗，皆可誦也。

同治中，蓮舟從軍黔蜀，身親劍槊，耳厭鼓鼙，詩境
爲之一變。其《黔營草》中，如《邛水營次》云："邊信
方傳警，征途況毒淫。路疑三峽峻，水到五谿深。洞壑黃
塵暗，林巒白晝陰。佩刀須在手，珍重呂虔心。"《登邛城
西樓》云："觸目徒悲憤，烽塵已十年。遺民棲土窟，餘
燹蓺山田。邨廢鴉鸜鴟①，林枯虎豹眠。何辜此赤子，吾
欲問蒼天。"詞意沈痛，至今讀之，尚如秋笳曉角，哀響
感人。

嘉慶、道光中，錢唐黃小松司馬易博精金石之學，
前十數年在潮州，有以行書冊頁求售者，款曰"黃易"，
皆謂是小松書，余獨以爲不類，諦視冊尾小印曰"古循
黃氏"，乃決其非小松，然亦不知爲何許人。後見《國朝
文徵》中，有"黃易，字子參，廣東海豐人，順治己亥
進士，官福建歸化知縣"。始知前冊是子參書。此固細
事，亦足見《同姓名錄》之不可不作也。

---

①　鴟，同"叫"。

卷　五

近世蔬饌中，有曰"銀盤磨菇"者。趙雲松《簷曝雜記》云：木蘭出蔴菇，每秋獮駐營後，土益肥，故所產猶美，俗呼"銀盤蔴菇"，取其形似，非也，蓋營盤之訛耳。蔴菇，宋人陳仁玉《菌譜》及元人袁桷《清容集》作"摩姑"，元人柳貫《待制集》作蔴姑，近人皆書作磨菇。俗或作蘑，考字書無"蘑"字。

錢唐吳仲昀督部振棫①赴官黔中，道出相見坡遇周雨亭觀察②，時由滇南入京師也，觀察下輿，口占一詩云："人間日月似飛梭，十七年來一夢過。相思歲歲不相見，

① 吳振棫（1790—1870），字仲雲、仲昀，浙江錢塘人，嘉慶十九年（1814）進士，官至雲貴總督，其《養吉齋叢録》記清代典制、掌故甚詳。

② "周雨亭觀察"或指周澍，號雨亭，浙江錢塘人，曾官雲南迤西道。

相見今朝相見坡。"督部謂其詞調清婉，以之入陽關小秦
王調，殊可歌也。

明李西涯《懷麓堂詩話》云："詩在卷册中易看，
入集便難看。古人詩集，非大家數，除選出者，鮮有可
觀。"近人郭頻伽有句云："不知梨棗定何物，乃爾不肯
藏妍嫭。"吳山尊學士亦言，詩文不可刻版，字不可
刻石。

梁王筠有《北寺寅上人房望遠岫翫荷池》詩，殆杜
工部稱贊上人房之所本也。六朝稱僧居曰房，梁簡文①文
有"青豆之房"語。

近日官牘稱總督曰"督部堂"，稱巡撫曰"撫部
院"，諸行省皆然。在乾隆以前，督亦稱"部院"，撫亦
稱"部堂"，見於國初諸家別集者，不一而足。《四庫提
要·集部》存目中，許汝霖《河工集》條下言，汝霖批
高陽報災詳文云"候撫部堂批示，繳"，見者或以"堂"
字爲傳刻之誤，不知其時文牘固如此也。明代上官批屬吏詳
文，其末必云"此批仍繳"，蓋當時批詞不盡公言，慮爲屬吏挾持，故
必令其繳回，沈德符《萬曆野獲編》嘗言之。其後沿襲省文，則曰"此
繳"並有祇用一"繳"字者，如汝霖批詳是也。近世遇有藩臬護院篆、

---

① 指南朝梁簡文帝蕭綱。

府護道篆①者，於司、府詳文批末輒改"此繳"爲"此致"以示謙抑，蓋迷其初義矣。

歐陽文忠公跋《雜法帖》云："學書不必憊精疲神於筆硯。多閱古人遺迹，求其用意，所得宜多。"見《集古錄》跋尾此言良是。顧初學未可驟語此也，必先致力於臨池，規摹初立，然後博覽古迹，以求會通，斯可有得耳。

《集古錄》跋尾有曰"服藥假"、"歇泊假"者，"服藥假"當是病而服藥，因之請假，"歇泊"則不可解，當更考之。

宋趙氏明誠《金石錄》有唐《養病坊碑》，近人設方便所，殆其遺意；又有唐處子瑗墓誌。案：《後漢書》"處子耿介"，謂處士也，不必定是女子。唐人有吳師道亦見此錄。

李昌谷賦《高軒過》詩，軒，車之軒也。虞道園賦《朱秀之②杞菊軒賦》詩"高軒何所植，杞菊交根枝"，軒，亭之軒也。

---

①　藩臬護院篆，指布政使、按察使臨時護理巡撫印篆；府護道篆，指知府臨時護理道臺印篆。此兩者均以屬官臨時代理上官篆務。

②　"之"字誤，應爲"才"字。

　　元人貢師泰字泰甫《玩齋集》中，《秦郵露筋廟》詩末四語云："妾行豈不念辛苦，死重如山生似羽。欲識當年一寸心，廟前老樹啼春雨。"道光中，有某公欲取漁洋"門外野風開白蓮"句作露筋祠，聯苦無成語作儷，若以貢詩廟前七字對之，豈非本地風光，天成對偶耶？

　　前人詠吳宮事有云："吳王事事都顛倒，未必西施勝六宮。"妙矣。友人會稽陶仲甫廣榮則云："烏啄山頭采藏時，偏能留意訪蛾眉。姑蘇豈少如花女，卻是吳王自不知。"又別作一意。仲甫爲卿田母弟，以鹽運司經歷需次廣州，守屏沿牒之餘，專意吟詠，如"松柏冬不凋，何況春風吹"、"人間多寶氣，何必定豐城"《詠劍》、"但尋紅葉去，忘卻白雲深"、"竟艱驅社鼠，轉欲惜池魚"《詠貓》、"雅愛游山招客共，最宜臨水種花多"、"未敢許人家有母，不辭干祿士無田"、"涉世難爲中隱士，謀身猶愧上農夫"、"越裝不數千金橐，漢使如聞八月槎"《汕頭作》，語皆可喜。仲甫有《廣州雜詩》十首，其第四首云："自昔金湯固，厓門復虎門。魚龍隨戰艦，鳥雀避軍屯。疇使藩籬徹，從教瘴霧昏。明時方重德，地險敢輕論。"起四語最爲溥臣所賞，余謂不如"明時"十字有餘味也。

　　姚習庵《讀晉書絕句》云："幾許黃沙亂白沙自注《五行志》童謠'南風吹白沙'，《賈后傳》作黃沙，宗臣生女太夭斜。夕陽亭上南風競，容易吹殘司_{自注司讀仄聲}馬家。"詩格頗近義山。夫晉武明知賈后失德而不忍廢之，卒貽子孫之禍，此蓋有天道焉。高貴鄉公之弒，賈充首佐逆謀，凶德參會於一時，沴^①氣遂鍾於其女。南風煽虐，西晉淪胥，典午興衰，皆由賈氏，史臣所謂君以此始亦以此終者《晉書·賈充傳論》，詎不信哉？習庵語意含蓄，故申論之。案：南風吹沙一謠，《晉書》凡三見，而字句互異。《五行志》云："南風起，吹白沙，遥望魯國何嵯峨，千歲髑髏生齒牙。"《賈后傳》云："南風烈烈吹黄沙，遥望魯國鬱嵯峨，前至三月滅汝家。"《懷愍太子傳》與《五行志》同，首句作"南風起兮吹白沙"，"何"作"鬱"。沈歸愚《古詩源》録此謠，據《五行志》而多一"兮"字。

吾鄉青藤書屋，徐文長故宅也，有文長手植青藤一株，陳圭堂大令鴻奎之先德居之數十年。文長每著靈爽，鄉試之歲，家有獲雋者夜間輒見文長朱衣而出，否則青衿而已。大令猶子笠生_{忘其名}嘗作《青藤書屋歌》，有云"青藤手植老不死，朱衣夜出人如生"指此。

隸書與八分之異同，辨者多矣，然愈辨而愈棼。近興化劉融齋學使_{熙載}所著《藝概》中一條云："小篆，秦

---

① 沴，音 lì，意謂灾害。

篆也；八分，漢隸也。秦無小篆之名，漢無八分之名，名之者皆後人也。後人以籀篆爲大，故小秦篆；以正書爲隸，故八分漢隸耳。"説甚精確，可以息爭。《藝概》又云："未有正書以前，八分但名爲隸。既有八分以後，隸不得不以八分名。八分者，所以別於今隸也。"歐陽《集古錄》於漢曰隸，於唐曰八分，論者不察其言外微旨則譏其誤也，亦宜。

近世稱幕客治刑名者，動云申韓之學，其實今之刑名，非申韓之刑名也。然劉宋大明間①，謝莊爲都官尚書，改定刑獄奏中，已有臣學闇申韓，才寡治術之語見《宋書·謝莊傳》。是遞相演襲，亦有由來，非始自近世矣。

咸豐甲寅，余與江都朱璧生瀛②、順德沈古宜東銘③同居韶州圍城中。明年賊平，二人相繼還廣州，途中皆有《江干夜泊》詩。璧生句云："戍鐙低逼水，岸樹暗疑人。"古宜句云："破砦鐙青連野火，荒原燐碧亂春星。"皆荒江野戍夜中真景也。璧生詩不多作，古宜五言之工者："飛泉晴作雨，幽壑暝生雲。集繼樊川集，年輸李賀

---

① 劉宋有"大明"年號。

② 咸豐甲寅即咸豐四年（1854）。朱瀛，江蘇江都人，道光二十六年（1846）任番禺茭塘司巡檢，見同治《番禺縣誌》。

③ 沈東銘，文藝家、收藏家蔡守（哲夫、寒瓊）舅父。

年。"《哭杜季瑛》

《周易》"帝乙歸妹，以祉元吉"，鄭康成注云："五爻辰在卯，春爲陽中，萬物以生。生育者，嫁娶之_{疑是}貴。仲春之月，嫁娶男女之禮，福禄大吉。"_見《周官‧媒氏疏》嘗有人於仲春娶婦，象州鄭芸舫茂才_{忘其}_{名，小谷比部猶子也}爲書門聯，用"福禄大吉"四字對"婚姻以時"，可云雅切。

宋人曹組《鷓鴣天》詞云："雲韶杳杳鳴鞘蕭，芝蓋亭亭障扇開。"障扇疑即後世之掌扇，障、掌一聲之轉耳。_{曹詞見《花庵詞選》。}

余十四歲時從童潤齋先生_{樹森}讀書。先生攜其戚周某_{山陰人，忘其名字}詩一卷，僅數十首，卷首書"竽木吟"三字，詩多七絶，頗有別趣。余曾記其數首。《題山水畫》云："濡豪閒仿米家圖，雲影山光半有無。讀畫也如論世法，得模糊處且模糊。"《閱〈西青散記〉戲效其仙鬼詩各一首》云："乘鸞曉謁玉華君，靈梵茫茫路不分。霾卻蓬萊山一角，幾層花片幾層雲。""園亭夜久暗荒苔，窗槅雲封久不開。幾曲陰廊無月色，冷螢剛化一燈來。"《題友人借書圖》云："夫君清課近何如？鎮日沈吟把卷餘。惆悵欲批批不得，別人家裏借來書。"_{自注"此君好評書"。}

　　陸魯望詩有全篇平聲者，《夏日閒居作四聲詩寄皮襲美①》第一首云：荒池菰蒲深，閒階莓苔平。江邊松篁多，人家簾櫳清。爲書淩遺編，調絃誇新聲。求歡雖殊途，探幽聊怡情。梅聖俞詩有全篇側聲者。《舟中夜與家人飲》詩：月出斷岸口，照影別舸背。且獨與婦飲，頗勝俗客對。月漸上我席，暝色亦稍退。豈必在秉燭？此景已可愛。皆五言也。友人葉天船衍②爲七言，亦殊清峭可喜。偶爲胡衡齋大令道之，大令即夕亦作二首見示，今各錄其側韻一首於左："徑僻夜静少過客，剪燭據案且讀易。出戶入戶復小憩，不覺月色照我席。竹影細碎寫滿地，萬籟頓息氣轉適。意境恍悟太極始，智慮悉泯道乃闢。"葉作"夜半蟋蟀響四壁，似此歎息警旅客。白屋寂寞作雨氣，碧漢黯淡斂月色。種竹乍活已萬个，落葉未掃復一尺。取次對酒輒盡醉，不飲突兀意不適。"胡作余曩游惠州，曉行海豐道中，嘗作七言短篇云："缺月欲落不肯落，曠野暗籟止復作。樹外白道漸可辨，道側黑石孰與鑿？野岸傍水過九折，遠岫出霧見一角。夜氣肅肅旦氣静，可識太始本寂寞。"當時已棄其稿，今錄葉、胡二君詩，忽復憶及錄之。

　　近見一書引《梁書·劉孝綽傳》，孝綽啓《謝東宮》曰："臣聞之先聖，衆惡之必監焉，衆好之必監焉。"謂

---

① 皮襲美即皮日休。
② 此處脱一"桂"字。葉衍桂，字天船、莨船，葉衍蘭之弟。

梁時論語本如此。鄙意此蓋姚思廉避其家諱_{思廉姚察之子}改
"察"爲"監"耳，非異文也。

宛平查氏《絕妙好詞箋》引《浯溪集·眉山楊恢游
浯溪》詞云："碧崖倒影，浸一片、寒江如練。正岸岸梅
花，村村修竹，喚醒春風筆硯。泝水舟輕輕如葉，只消
得、溪風一箭。看水部雄文，太師健筆，月寒波卷。

游倦。片雲孤鶴，江湖都遍。慨金屋藏妖，繡屏包禍，
欲與三郎痛辨。回首前朝，斷魂殘照，幾度山花崖蘚。
無限都付宓尊，漠漠水天遠。"查氏謂此詞甚佳，惜不著
詞名。余細審之，蓋《二郎神》調也。《揮麈餘話》所
載，徐伸幹臣自製轉調《二郎神》一闋，句法、平仄與
之正同，特未①二句各少一字，或傳寫佚脫耳。_{"無限都付}
_{宓尊"六字，頗覺不辭，疑"限"字下脫一"感"字，"遠"字上脫一}
_{"平"字也。}恢別有《二郎神》用徐幹臣韻一詞，即見
《絕妙好詞》本卷。

同治中，倪雲矑於越秀山麓闢"野水閒鷗館"②，前
臨大池，隱見古堞，頗有水木清華之致。雲矑以放翁
"先安筆硯對溪山"七字，屬余代覓上句，作一聯。因取

---

①　"未"應作"末"。

②　倪雲矑，即倪鴻，其所辟"野水閒鷗館"，與卷四所述陳巢民
"挹秀園"相鄰，均爲晚清廣州名園，今已湮沒。倪鴻後赴上海，任職
於輪船招商局。

元人高房山"時敞窗櫺詠風月"一語偶之，方欲書以鑱木，適見《頻羅庵法帖》中梁山舟學士所集楹帖，下句亦用放翁此句，而以半山"更築園林負城郭"語對之，與其地景色尤合。因棄余前所集者，別書以予之，顧閱時未久，雲臒浪迹遠行，花木園林棄而不顧。十餘年來，余未嘗一至其處，前聯亦不知所在矣。

今人稱佩囊曰"荷包"，不知始自何時。元人任士林《松鄉集》中《游石碁盤》詩序有"道士黃季勉出荷包中錢二索沽酒"之語，則元時已有此稱矣。

唐人詩句中，疊字至多不過三字，如"夜夜夜深聞杜鵑"之類是也。文信國生日謝朱約山詩"丹厓翠壁千萬丈，與公上上上上上"，又鄭所南《錦錢餘笑》之"逢人但點頭，好好好好好"，汪大有《水雲集》之"休休休休休，干戈盡白頭"，皆疊至五字，可謂奇矣。三公同時人，不知孰因孰創也。

元人迺賢《金臺集·北邙山歌》自注云：白樂天賜第履道坊，既葬北邙，敕命游人至墳所者必酹酒，至今墓前隙地泥潦云云。余案：《唐語林》白居易葬龍門山，相傳洛陽士人及四方游人過者，必奠以卮酒，故冢前方丈之土常成渥，是在唐已然矣。然自唐至元，經數百年，而此一事竟歷久不改，董相之墳無恙，趙州之土頻澆，可謂名賢佳話矣。

元人鄭元祐字明德，遂昌人《僑吳集》有《錢道士游仙》詩云：“綠髮飄蕭禮上元，明星遙隔絳河邊。香銷楚澤春風佩，愁入湘娥夜月絃。素手不將條脱贈，綺疏惟把步虛編。西神峰嶺飛霞觀，小駐鸞笙五百年。”近世錫山多女道士，頗有工書畫、解文字者。道光中，清微道人韻香其最著者也。觀明德此詩，蓋元代已然。

宋張邦基《墨莊漫録》云：玉禹王爲翰苑召對蕊珠殿時，賜紫花墩命坐，明年英廟上仙，珪①作挽詞有云：“曾陪蕊珠殿，獨賜紫花墩。”向來院本、平話中，每有繡墩賜坐之語，繡墩殆即所謂花墩也，然不知究是何物。

近人德清俞氏樾《茶香室叢鈔》云：雲間之有顧繡，自顧伯露之母始。

《嶺外代答》云宋周去非撰：欽江南入海，凡七十二折，南人謂水一折爲一遥，故有七十二遥之名，中有水分爲二川，其一西南入交趾海，其一東南入瓊廉海，名曰“天分遥”，言若天分然也。近無錫丁采之玉藻有《天分遥》七

① 王珪字禹玉，成都華陽人，宋代宰相。底本爲“玉禹王”，或刻工之誤。

古，專論明人棄安南一事，筆力頗遒，篇長不備録。

《容齋四筆》云：中心有愧，見之顏面者，謂之緬靦，賀方回詞則作勔靦，方回《蝶戀花》詞"心事向人猶勔靦。强來窗下尋紅綫"，近世相沿多作靦腆，或作靦覥。案：靦覥字典云《説文》本作同一字，腆音與靦同，似皆誤也。

《書影》國朝周亮工撰載：虎林昭慶寺僧舍中，有高則誠爲中郎傳奇時几案，當按拍處，痕深寸許。《兩般秋雨庵隨筆》載：杭州黃氏藏有洪昉思拍曲几，指痕甚深。二事甚相類。《琵琶記》、《長生殿》兩院本，論者謂其音律諧協，非他院本所及，觀於此知其致力深矣。

姜堯章《暗香》、《疏影》兩詞自序，但云"辛亥之冬，予載雪詣石湖，授簡索句，且徵新聲，作此兩曲"，《硯北雜志》所記亦同，無異説也。近人張氏惠言謂白石此詞爲感汴梁宮人之入金者，陳蘭甫亦以爲然。鄙意以詞中語意求之，則似爲僞柔福帝姬而作。案《宋史·公主傳》云：開封尼李靜善者，内人言其貌似柔福，靜善即自稱柔福，靳州兵馬鈐轄韓世清送至行在，遣内侍馮益等驗視，遂封福國長公主，適永州防禦使高世榮。其後内人從顯仁太后歸，言其妄，送法寺治之。内侍李愼自北還，又言柔福在五國城，適徐還而薨，靜善遂伏誅。宋人私家紀載，如《四朝聞見録》、《三朝北盟會編》、

《古杭雜録》、《鶴林玉露》、《浩然齋雅談》此書但言柔福南歸下降高世榮，不言其後事。所記雖小有參差，《北盟會編》云自稱小名環環，《四朝聞見録》云適高世儇，《古杭雜録》云乃一女巫爲宮婢所教也。大致要不相遠。惟《璅碎録》獨言其非偽，韋太后惡其言虜中隱事，故急命誅之耳。意當時世俗傳聞有此一説。白石《疏影》詞所云“昭君不慣胡沙遠，但暗憶江南江北”、“想佩環、月下歸來，化作此花幽獨”者，言其自金逃歸也。又云“猶記深宮舊事，那人正睡裏，飛近蛾緑，莫似春風，不管盈盈，早與安排金屋”，則言其封福國長公主、適高世榮也；又云“還教一片隨波去，又卻怨、玉龍哀曲”，則言其爲韋后所惡，下獄誅死也。至《暗香》一闋所云“翠樽易泣，紅萼無言耿相憶。長記曾攜手處，千樹壓、西湖寒碧”，則就高世榮言之，於事敗之後追憶曩歡，故有易泣、無言之語也。張叔夏謂《疏影》前段用少陵詩，後段用壽陽事，此皆用事不爲事使。夫壽陽固梅花事，若昭君則與梅無涉，而叔夏顧云然，當是白石詞意。叔夏知之，特事關戚里，不欲明言，故以此語微示其端耳。余嘗以此説質之伯眉，頗不以爲謬，然究是臆説。姑識之，以質當世之知言者。

　　《北周書·劉璠傳》：梁宜豐侯蕭循爲梁州，除璠記室參軍，除南鄭令，又板爲中記室，甚親委之。武陵王蕭紀稱制，召璠至蜀，以爲黃門侍郎，璠苦求還，乃遣之至白馬西，奚達武軍已至南鄭，璠不得入城，遂降於武，武先令赴闕，璠至，太祖見之如舊。時南鄭拒守未下，奚達武請屠之，太祖將許焉，惟令全璠一家而已。璠乃請之於朝，太祖怒而不許，璠泣而固請，移時不退。柳仲禮侍側，曰：此烈士也。太祖曰：事人當如此，遂許之，城竟獲全，璠之力也。璠之降武，未爲節士，而南鄭之請，以儒生抗霸主之威，置性命室家於不顧，既保民命，復全故君，可謂仁者之勇矣。姚習庵《詠史小樂府》云："故國干戈際，危城涕淚中。堂堂劉寶義，終不負宜豐。" 詠此事也。

曩見葉莦船齋壁懸吾鄉陳珊士比部_{壽祺}所書橫幅，即錄其《庚申閏春六日同友人集慈仁寺看花分韻得生字》詩云："閉門取清夢，三月遣春情。[①] 東風展佳日，花事漸可營。薄游貰尊酒，趁此微雨晴。城西二三里，漠漠春陰明。新綠不可色，滄與疏烟并。古寺浮薄嵐，苔徑曲且縈。花氣遠無住，春山不能扃。孤亭納衆影，千香涵一清。諸天散虛靄，髯鬖垂珠纓。元情宗何取，落英時有聲。江南四百寺，到處宜春鶯。賊退未兼夕，有酒無人傾。誰令故鄉客，同向天涯聽。香欄宿新雨，茶幔搖疏星。客愁如春風，浩蕩無定程。白雲嬾不收，山氣忽已暝。天風墜孤磬，萬種相怱惺。微陽幻深絢，薄霧交空青。夜色互遷變，花光與之迎。哦詩頓成悟，新月

①　遣，原訛爲"遺"。

爲我生。”喜其詞致疏雋，輒手録之。今見吳縣潘文勤公
祖蔭所刻比部遺集中載此詩，乃分作四首每首五韻，當是比
部所自定，然鄙意不若合爲一首，篇中似更有波折也。

潘文勤公所刻《越三子集》，一爲山陰王孟調明經星
誠，一爲會稽孫蓮士太守廷璋，其一即比部也。

《南史·王志傳》：家居禁中里馬糞巷，父僧虔，門
風寬恕，志兄弟子姪皆篤實謙和，時人號“馬糞諸王爲
長者”，故東坡謂馬糞之穢，一經僧虔，便成佳號也。
《梁書》則作馬蕃巷。蕃、糞二字，音切相近，未知
孰是。

朱子注《中庸》，謂吾之心正，則天地之心亦正；吾
之氣順，即天地之氣亦順，自是精理名言。《維摩詰所説
經》“心垢，故衆生垢；心淨，故衆生淨”，亦是此意，
特下語太實，覺理境未完足耳。

業師繆蔭庵先生嘉樹有《囈語》一卷，蓋皆壁帖之
屬，余嘗鈔得數十條，語多偏宕，見者率不謂然，惟伯
眉謂爲快絶。今録數條於左，亦足見一斑也：“庸人不愛
才並不忌才，必己有才，乃能知人之才，知之斯忌之
矣。”“何以息謗？曰同。何以弭怨？曰窮。何以得福？
曰庸。”“友有所爲，意以爲非，斥罵之可也，勿後言。

友有所屬，力不能副，竟謝之可也，勿口惠。”“貴仕無真勳業，窟礪也。文章無真性情，優倡也。”

方望溪記黃石齋逸事，因及顧眉生於李自成破京師時，要龔芝麓同死，而龔不從。陽湖陸祁孫大令繼輅謂望溪謹於文，其言必有所徵信。是眉生無愧柳如是，而世傳龔芝麓之復仕，乃以眉生故，橫被惡名，可哀也。余謂柳氏身殉虞山，故其勸虞山死難一事，尤彰著耳。曩見國初人説部，言自成破京師，龔挈眉生步行出城，途中顧每掬土傅面以自晦，作書之人時與同行，所親見者。又有一書，言柳如是之死別有故，不以殉節許之袁翼《邃懷堂文集》。此或當時恩怨之詞，然論古宜恕，況婦女乎？似不必刻求也。

陽湖惲子居敬官新喻令時，大府嘗從容語之曰：“吾與君文字交，質疑辨難，何所不可，然孔子與下大夫言侃侃，與上大夫言誾誾，此不足爲君法耶？”子居應曰：“孔子所與言之上大夫，季孫氏也，其人小人不能容君子，故聖人不能不稍遜其詞。使遇伊、傅、周、召必不然矣。某不敢以待季孫者待閣下也。”大府無以應。此見《崇百藥齋文集》者。

程心梅有句云：“村荒餘破屋，山缺出危礉。”押入蕭韻，人以爲疑。余案：“礉”字不見於《玉篇》、《廣

韵》諸書，胡胐明《禹貢錐指》亦云不知其音。《字典》
於此字引《篇海》云：石室也。胐明則引《後漢書·西南
夷傳》注字只作"雕"。《西南夷傳》云：冉駹夷依山居止，累石
爲室，高者至十餘丈，爲邛籠。注云：今彼土夷人呼爲雕也。然則心
梅詩用韻不誤，但當寫作"雕"字耳。① 又《隋書·西域
傳》云，附國即漢之西南夷也，無城栅，近川谷傍山險，
俗好復讎，故壘石爲磕，以避其患，其磕高至十餘丈，
下至五六丈，每級丈餘，以木隔之，基方三四步，磕上
方二三步，狀似浮圖，於下級開小門，《北史》級上有"致"
字，疑衍。從内上通，夜必關閉，以防盜賊《北史·附國傳》
同。所言磕之形製，正與碉同，疑磕即碉字，而《集韻》
之音巢，所未詳也。元人袁循《送人官雲南》詩有"青溪關上三
碉城"之句，碉字入詩，元人②已有之。

　　《唐書·白敏中傳》云武宗欲召用白居易，宰相李德
裕言其衰老不任事，薦敏中文詞類其兄而有器識，即日
知制誥，召入翰林爲學士承旨，宣宗立，以兵部尚書同
中書門下平章事。德裕貶，敏中抵之甚力，識者嘗惡，
德裕著書亦言惟以怨報德爲不可測，蓋斥敏中云以上皆傳
中語。贊皇，唐之名相，其薦敏中而沮香山，蓋朋黨之見

---

① 　汪瑔觀點迂腐，很多事物先有音後有字，開始時借用同音字，
後再依音造字。

② 　"入"原爲"人"，誤；"人"原爲"入"，誤。

耳，而卒爲敏中所排，我以私意沮人，所薦者即以負心報我，豈非已有以致之哉？友人陳冶巖《讀唐書》詩云："贊皇勳業濟時艱，愛士風流未易攀。祇問孤寒人八百，是誰才勝白香山。"譏之亦惜之也。

咸豐甲寅、乙卯間在韶州圍城中，仁和任又村光煦以平圃巡檢隨上官守城，間至余齋劇談，爽朗有士氣，雜流中不易覯也。嘗和余《秋晚登九成臺》詩云："秋老干戈際，羈棲事可哀。征人三尺劍，斜日九成臺。戰格雲相接，鄉書雁不來。還應謀一醉，衰淚引深杯。"既而衆以城圍既久，議遣員乞援，又村慷慨請行，縋城而下，孑身間道由贛、潮走廣州，適沈都轉棣輝率水師趨韶，復隨之而北解圍，論功擢香山縣丞，不久即世。從前鈔示古近體詩數十首，皆已散佚不存爲可惜也。

余弱冠時在廣州，應學海堂課卷，用石泉吟社羅公福例①，悉署寓名。其時學長，如張南山郡丞、譚玉生學博瑩、陳蘭甫學録諸君，初皆不知作者爲何人，繼而數年之間先後相識。玉生與余尤習，嘗戲語余應山堂課，動作數十卷，所署姓名尤詼詭，然吾一見輒辨之，得不

① 宋遺民連文鳳，入元朝後用"羅公福"筆名應徵月泉吟社徵詩活動，獲評第一名。汪瑔誤作"石泉吟社"。汪瑔曾用不同筆名參加廣州學海堂徵文。

以吾爲薛卞①邪？余笑曰：君固碧眼賈，然余不經意之
作，君亦賞之，恐不免誤珉爲玉耳。相與拊掌。玉生駢
體文才華豐縟，近有人謂本朝駢文傑出者十二家，而玉
生居其一；又有謂《樂志堂集》存文太多，未免榛楛不
翦者，然才力實不易及也。

　　張南山郡丞平生著述頗夥，其《國朝詩人徵略》一
書，兼用《中州集》、《明詩綜》之例，以詩傳人，亦以
人存詩，捃採極博，持論亦平允不偏，後來徵文獻者必
將有取於斯，不朽之業也。其詩在吳蘭雪、王律芳②伯仲
間，少年在京師以"南海月華今夜白，西山雲氣古來青"
二句得名。《聽松廬詩鈔》皆七十以前之作，清裁鉅製，
不乏名篇，近數十年廣州詩人，自徐鐵孫太守③而外，無
有能過之者。平日最賞余詩，嘗囑人致意，將羅致門下，
余謝之曰：吾於南翁，正如吳山尊之於隨園，自有知己
之感，然不願在弟子之列也。郡丞聞之，亦不以爲忤。
晚年作《談藝錄》，於余頗極稱許。前輩宏獎之雅，良可
感也。

---

　　①　薛燭善相劍，卞和能識玉。"薛卞"指精於鑒別之人。
　　②　王衍梅（1776—1830），字律芳，號笠舫，浙江會稽人，嘉慶十
六年（1811）進士，官廣西武宣知縣，有《綠雪堂遺集》。
　　③　徐榮（1792—1855），字鐵孫，廣州駐防漢軍正黃旗人，道光十
六年（1836）進士，紹興知府，工詩善畫。

　　從兄蘭圃與瀏陽舒棠陔茂才_{佐堯}同客南韶道華公_{祝三}幕中幾十年。兄與余書，每稱棠陔之才。光緒甲申，華公署臬篆，棠陔偕來廣州，始與余相識，出其《繡石軒詩稿》見質，七古多長篇，筆氣浩瀚，而每患才多。近體五言如"星光初動竹，雨意欲生苔"、"風連窮海動，雨自故鄉來"、"竹樓初上月，蘿徑獨歸僧"、"浮雲連嶽色，落木變灘聲"、"瘴鄉秋不雨，山館夜多風"、"天地幾茅屋，江山非楚臺"《梅》、"燕來雙話雨，花發十逢春"、"暝潭眠黑蛟，秋峽嘯蒼鷹"，意境多在中晚之間。七言如"論事直忘軒冕貴，讀書能使性情真"、"鬼火夜明師子國，將星秋指越王臺"、"聽雨客如蕉葉病，打霜天爲菊花寒"、"湖海半生餘酒債，風塵到處覓琴村"、"白露有痕秋在水，青山無恙客還鄉"則與陳簡齋、陸放翁相近矣。棠陔五古如《溪行起四語》云"暝色溪上來，蒼然眾峰暮"、"風絃一披拂，雨葉遂無數"，又"一片空濛煙，中有涼雁聲"，皆五言佳境。

　　國朝丁雁水_焯有句云"青山秋後夢，黃葉雨中詩"，棠陔亦有句云"碧苔秋後雨，黃葉夢中山"，格調正復相似。辛仲仁則云，唐人"雨中黃葉樹，鐙下白頭人"二句膾炙人口久矣，丁詩下句僅改一字，歸愚選入《別裁》，不無小誤；舒作故當勝云。

　　辛稼軒《賦羊桃》詞云："憶醉三山芳樹下，幾曾風韻忘懷。黃金顏色五花開，味如盧橘熟，貴似荔枝來。"
味其詞意，蓋即五棱子，廣人呼爲羊桃者也《桂海虞衡志》
亦作羊桃，廣州以番禺石圍塘所出爲勝。顧前人題詠罕及之
者，得稼軒此詞，與阮文達公詩，足爲此果生色矣。

　　余幼時性極好弄，偶自書塾歸，不爲虎子跳即學鸜
鵒①舞，未嘗片時靜坐也，然喜聽人誦詩。余長姊鞠生玉
簧因取唐人詩之篇幅稍短者，口授之，爲講音義，故余
八九歲即粗辨四聲，由姊教之也。姊適盧秋坪洲，生二
子而秋坪歿，遂絕不作詩，六十歲後付家事於子婦，又
間爲之。嘗語余曰：姊詩固不工，然弟交游中不乏名彥，
異日有纂婦人集者，以姊詩視之，幸得甄收，使有三數
篇傳於後世，則弟之賜姊之幸矣。姊歿已十餘年，遺詩
不及百首，今錄數章於左。所以多錄全篇者，冀如姊言
或遇迦陵其人，采入總集云爾。

　　"一徑入山翠，千峰圍寺門。亂雲埋石角，飛瀑
漱松根。靜境易生悟，枯禪誰與論？自注老尼重聽籃輿
難久駐，歸路指烟村。"《慈雲寺》"幽人坐綠陰，向夕
喜新霽。雲薄漏晴光，風微逗涼意。會見殘暑消，輕
雷尚天際。"《夏日即事》"葦間響鳴艫，將曉啓蓬窗。
蟹火餘三兩，雞聲疊一雙。遥峰神禹穴，前路孝娥
江。回憶同游處，離愁未易降。"《江村曉發寄謝氏姊》自

---

①　鸜鵒，八哥。

注姊家近南鎮，春闈過之因得瞻望禹陵。"象牀如水駕衾冷，鸚鵡聲多春易醒。畫簾抱日色不紅，簪外花枝澹無影。""篆煙微裊金博山，玉籨與人相對閒。鸞篦冰_去聲指拈不得，斜鬏春風十八鬟。"《曉寒曲》"春風幾日到天涯，何處南枝已著花。破曉雲遮山一角，衝寒人辨路三叉。尋思東閣高吟日，想像西湖隱士家。何似灞橋驢背上，朔風吹急帽簷斜。"《尋梅》

表姨母趙鏡仙宜人，陸香巖醲尹之室也。醲尹官於廣東，寓舍後有廣州駐防協領廢廨荒地數畝，以百千錢賃得之，闢爲小囿，雜藝花竹，中故有池，池側建樓數楹，宜人儲書其中，時復登眺。醲尹沿牒他出，宜人輒招余姊至其所居，相與倡和，往往留連旬日。姊有《女游仙呈鏡仙表姨母絕句》四首云："碧落雲寒鶴不知，乘風清曉出瑤池。待尋玉篆嵩陽路，自爇靈香謁少姨。""招邀女伴詣璚華，小住西那阿母家。不管海天寒較甚，曉來親掃碧桃花。""綠笈丹函不易求，靈官終古費旁捄。嬛嬛深處吾曾到，三萬瓊籤十二樓。""蟠桃都旁玉峰栽，吹到剛風第幾回。一笑仙山緣未了，三千年再看花來。"蓋記一時之事也。

文芸閣編修言其幼弟九歲即善屬對，嘗以"既伐商二年"對"先立春三日"。因記盧甥衡幼時嘗以"先庚三日"對"外丙二年"，二者意境正復相似。此外，如

“鷄鳴而起”、“燕婉之求”，“亢龍有悔”、“即鹿無虞”，
“先知覺後知”、“上士倍中士”。又以“一言以爲知”對
“三思而後行”，復以“三月不違仁”對“一言以爲知”。
幼時隨母依外家，余甚愛之，意頗期其遠到。顧以貧故，
旅食潮州，客沙汕頭者①幾二十年。其地爲通商口岸，時
有中外交涉事宜，甥從事其間，以勞叙官同知，又以母
老不能謁選，迨丁艱，服闋未幾而病歿矣。甥有遺詩數
十篇，余屬其弟鈔寄，今尚未至也。

廣州地暖無雪，往往梅花開時，舊葉未盡落，新葉
已漸生。嘗讀辛稼軒賦梅三山《鷓鴣天》詞云：“恨無
飛雪青松畔，卻放疏花翠葉中。”自注云：三山梅開時猶
有青葉。蓋福、廣二州氣候相似如此。

嶺南人以蠣灰、扶留藤和檳榔咀之，吐其汁霑脣著
鬚，色赤如血，異鄉人見之，輒以爲異。余讀朱子和人
《檳榔詩》云：“錦文鏤切勸加餐，蜃炭扶留共一柈。”②
又云“有時紅糝著元鬚”，是宋時已如此，而閩、廣之俗
同也。檳榔有名雞心者，亦見朱子詩。范成大《桂海虞衡志》
云，南人喜食檳榔，其法：用石灰或蜆灰幷扶留藤同咀，則不澀，士人

---

① 廣東汕頭，舊時土名爲“沙汕頭”。

② 柈，同“磐”，此處或引申爲“盤”。“錦文鏤切勸加餐，蜃炭
扶留共一柈”，《晦菴先生文集》、清吳之振《宋詩鈔》均作“錦文纓切
勸加餐，蜃炭扶留共一柈”。“柈”同“盤”。

家至以銀錫作小合，如銀錠樣，中爲三室，一貯灰，一貯藤，一貯檳榔。石湖與朱子同時，其言亦可與詩相證。

　　宋人趙長卿《惜香樂府·行香子》詞云："箇人家，住曲巷，墻東好軒窗，好體面，好儀容。"詞殊不佳，然可見"體面"二字，宋時語已然。長卿詞凡十卷，在宋人詞集中可謂多矣，顧絶罕佳篇，又喜剿襲李易安《一剪梅》詞，當時已膾炙人口。長卿改易數句，遂據爲己作，未免傷事主矣。可知在沈約集中作賊，正非易事。

附録　汪君墓志銘[①]

陳寶箴

君山陰汪氏，諱瑔，字芙生，一字越人。所居曰穀庵，學者稱穀庵先生。客粵占籍，遂爲番禺人。曾祖父倫秩；祖父炌，著《史億》三卷；父鼎，著《雨韭庵筆記》二卷，劬學不仕。君少隨父游粵東，輒以文詞最曹偶，以父篤老，不能歸，迺佐郡縣爲幕客，所至咸有聲譽。始客曲江，群寇圍縣城逾歲，卒用君策，盡燔寇舟，城賴不陷。由是君以才略顯，藩使俊達公聞而聘焉。先是潮州災，振庫銀二千，事久未上籍，具慮格部例，不知所出。君曰："稅契奇羨異正賦，所以備緩急與非常也。"以是聞，司農其可，果置不問。後列縣水旱，率得領振，司庫便利至今，君之本謀也。光緒初元，劉公坤一爲總督，延君主夷務，理中外交涉。自國家通番互市

---

① 繆荃孫纂《續碑傳集》卷八十一，沈雲龍主編：《近代中國史料叢刊》第九十九輯，（臺北）文海出版社 1973 年版。

久，廣州最領襟要，利弊所倚伏尤鉅，番夷既習中國，又頗緣奸民，設疑刺隱，嚮背構伺，文書往還，首尾萬端。君居幕府凡十歲，洞幾折崩，劑和柔剛。繼劉公者曰裕寬公、張靖達公、曾忠襄公，撫御吔夷，號稱辦治，維君計畫贊助爲多焉。君才性開濟，識慮通遠。法越之難，邊海騷震，曾忠襄公獨就君，陰籌戰守，備扜無形，服君偉才，歎爲國寶。然君貞簡絶俗，澹於榮仕，俯仰委蛇，嘯詠終老。海濱之儒，羈旅之士，至論清德淳行，長於謨策，達於事變。旋斡冥漠之中，而不尸其名；浮湛污濁之俗，而不滓其志，蓋未有先君者已。晚歲養疴，耽情墳史，名賢鉅公，禮聘踵至，終不復出。素勤纂述，著書滿家，雋辭奧旨，究理天人，儒學宗焉。凡有《隨山館集》十八卷，《無聞子》一卷，《松煙小錄》六卷，《旅譚》五卷，《尺牘》二卷。春秋六十有四，以光緒十七年二月丁酉卒。配張孺人。男子子兆銓，乙酉科鄉試舉人，官海陽縣學教諭；女子子二人，次嫁朱啓連，端介有文行，傳君之學者也。年月日，兆銓將葬君於某原，詣啓連所，述狀屬銘，其辭曰：

> 海維炎州，億族環之。薦羶刺肥，施彼阱笯。伊君沖懿，與道盤嬉。脫然塵垢，保其天倪。亭亭雅志，振振上才。雍容帷闥，爰職契司。斡運無名，杜機未恢。六合内外，清風噓濡。孰云棄世，有偉厥辭。精貫元黃，理劻等夷。朋從歸高，曰賓曰師。摛翰序幽，神宅允綏。